최고 가치창출대학으로

포스텍 30년의 전환점에서

박태준미래전략연구총서 7

최고 가치창출대학으로

포스텍 30년의 전환점에서

POSTECH
PRESS

차 례

책머리에 • 6

1. 대학의 근본은 교육과 연구다 • 13

2. 가치창출대학이란 무엇인가? • 37

3. 왜 가치창출대학인가? • 55

4. 어떻게 가치창출대학으로 변화할 것인가? • 73

5. 가치창출대학의 해외 사례들 • 93

6. 대한민국과 가치창출대학 • 107

미주 • 120

책 출간에 부쳐 • 126

가치창출대학을 지향하는 포스텍

포항공과대학교(POSTECH; 포스텍)가 첫 입학생을 모집한 것은 1987년 2월로 이는 겨우 30년 전의 일이다. 짧은 연륜으로 이른바 Young University에 속하는 포스텍은 개교부터 소수정예 원칙을 견지해 오고 있으며, 현재도 300여 명의 교수진이 1,300여 명의 학부생을 교육하면서 2,000여 명의 대학원생과 함께 연구하고 있는 아주 작은 규모의 이공계 대학이다. 그러나 포스텍이 이룩한 지난 30년 동안의 발전과 성취는 대한민국이 이룩한 수많은 기적 중의 하나로 믿어진다.

포스텍이 개교하던 무렵, 대한민국은 1인당 국민소득이 2,000달러가 조금 넘은 개발도상 국가였다. 온 국민이 1988년의 올림픽 개최를 자부심 속에서 준비하던 때에 포스텍은 대한민국 최초의 연구중심대학(Research Oriented University)을 표방하며 출범했다. 젊은 세대에 대한 지식전달, 즉 교육만을 대학의 역할로 알고 있던 당시의 우리

사회에서 연구를 통해 새로운 지식을 창출하는 연구중심대학은 매우 낯설었던 것이 사실이다. 1986년의 경우, 과학기술 분야에서 흔히 이야기하는 SCI논문이 대한민국을 통틀어 800편 남짓했다. 이렇듯 연구의 불모지였던 대한민국에서 포스텍은 엄청난 도전의 길에 나섰던 것이다.

포항은 도전정신이 가득한 도시다. 허허벌판이었던 영일만(迎日灣) 모래밭에 세계의 전문가들 모두가 무모한 일이라 평가했던 종합제철소를 건설하고 고로(高爐)에서 첫 쇳물을 생산한 것은 1973년이었다. 실패하면 모두가 바다에 뛰어들어 목숨을 버리자는 각오를 다지며 5년여를 절치부심했던 박태준 회장과 포스코 직원들의 도전정신이 있었기에 오늘의 풍요로운 대한민국이 존재함을 누가 부정할 수 있을까?

그러나 미래에 대한 통찰력이 있었던 박태준 회장은 쇳물에 만족하지 않았다. 대한민국의 미래는 인재, 특히 능력 있는 과학기술자에 달려 있다는 신념을 갖고 그는 포스텍 설립을 계획하고 실천했다. "제철보국(製鐵報國)" 그리고 "교육보국(教育報國)"은 그가 평생 지녔던 확고한 의지였으며, 그의 높은 뜻을 영원히 기억하기 위해 후학들은 2011년 포스텍 교정에 그의 동상을 세우면서 받침돌에 철강거인(鐵鋼巨人), 교육위인(教育偉人)의 여덟 자를 새겨 넣었다.

박태준 회장과 설립 준비 단계부터 뜻을 함께하며 포스텍의 기초를 쌓은 분은 김호길 초대 총장이다. 그가 지녔던 뚝심과 배짱 그리고 추진력은 아직도 많은 포스텍 구성원의 가슴에 남아 있으며, 그의 선견지명으로 포스텍은 현재 3세대, 4세대 방사광가속기라는 거대연구시설을 운영하고 있다. 총장으로 재임 중이던 1994년 학교에서 체육대회 행사 중 너무나 아쉽게도 불의의 사고로 돌아가셨지만, 그는 오늘도 포스텍이 나아갈 길을 밝혀주고 있는 불멸의 빛이다.

포스텍이 도전에 나선 연구중심대학은 물론 끝없이 매진해야 할 길이지만 그간의 가시적 성과는 사실 눈부시다. 포스텍은 지역의 신설대학이라는 불리함을 극복하고 단기간에 기적 같은 발전을 일궈냈다. 30년 전 온 나라가 발표하던 논문 수의 세 배에 가까운 2,200여 편의 논문이 2015년 한 해에 포스텍에서 발표되었으며, 특히 피인용 상위 10%에 속하는 높은 가치의 논문 비율은 국내 여러 대학들 중에서 1위를 놓치지 않고 있다.

포스텍은 교수 1인당 논문 피인용수 측면에서 세계 6위에 오르는 등 대한민국의 과학기술 경쟁력을 한 차원 끌어올렸다고 자부한다. 2017년 3월 영국 타임즈고등교육(Times Higher Education, THE)이 평가해 발표한 World's Best Small Universities에서 1위는 미국의 California Inst. of Tech., 2위는 프랑스의 École Normale Supérieure, 3위는 포스텍, 그리고 4위는 다시 프랑스의 École Polytechnique였다. 포스코와 학교법인의 전폭적 지원 및 대학 구성원 모두의 열정과 노력이 함께 어우러져 맺은 열매다.

세계무대에서의 초일류 대학을 향한 포스텍의 도전은 물론 아직 미완(未完)인 현재 진행형이며 미래에도 계속될 것이다. 그리고 미래는 준비하는 자의 것이기에 포스텍은 30년을 마감하며 새로운 30년을 준비하고 있다. 그간 모든 사회적 상황은 너무 많이 달라졌다. 한때 우리를 수식하던 '다이나믹 코리아'는 이미 옛말이 되었고 이제는 모든 면에서 정체되어 있다. 특히 우리 사회의 젊은이들은 저성장의 늪에서 희망을 잃고 고통을 호소하고 있다. 근본적인 혁신과 새로운 성장동력 발굴을 위해서는 무엇보다도 대학이 바뀌어야 하는데, 이를 위해 포스텍은 다시 한 번 개방적 자세로 새로운 도전에 나서기로 했다. 포스텍은 우리나라 전체 대학 사회에 새로운 방향을 제시하는 Flagship, 즉 기함(旗艦)의 역할을 해왔기에 앞으로도 이를 자임(自任)할 수 있다고 믿는다.

현재도 그러하지만 특히 다가오고 있는 미래사회에서 지식은 대학만의 영역이 아니다. 인간의 삶을 송두리째 바꾸는 이른바 파괴적 기술(Disruptive Technology)들은 스마트폰의 예에서 알 수 있듯이 기업에서 잉태되고 진보했다. 이런 관점에서 대학은 외부의 사회환경 변화를 훨씬 더 개방적인 자세로 받아들여야 할 것이다. 기업과의 인력, 정보, 그리고 물자교류는 이제 대학발전의 필수항목이다.

아울러 세계적인 무대에서 대학간의 경쟁은 더욱 심해지고 있다. 그리고 국민들은 정부와 사회의 지원을 받는 대학들에게 좀 더 직접적으로 국가의 경제발전에 기여할 것을 압박하고 있다. 동시에 학생들은 불확실한 미래의 삶을 개척하는 데 있어 대학이 좀 더 뚜렷한 길을 제시하라고 요구하는 상황이다. 세계화로 인해 이미 좁아진 지구촌(地球村)에서 대한민국의 대학들은 발전전략이 아니라 생존전략의 차원에서 미래를 설계해야 할 시점이다.

이러한 배경에서 포스텍은 그간의 연구중심에서 한 걸음 더 나아가 가치창출(價値創出)이란 새로운 지향점을 모색하기로 했다. 지난날 연구중심대학으로서 추구했던 가치는 튼실한 교육을 통해 얻을 수 있었던 인재가치와 빼어난 연구로 얻을 수 있었던 지식가치였다. 가치창출대학의 목표는 소중한 인재가치와 지식가치를 창업(創業), 창직(創職)과 연계하여 사회·경제적 발전에도 직접적으로 기여하는 것이다.

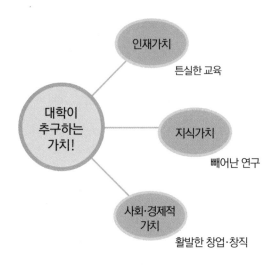

POSTECH: 가치창출대학(Value Creation University)!

인재가치
튼실한 교육

대학이
추구하는
가치!

지식가치
빼어난 연구

사회·경제적
가치
활발한 창업·창직

　우리 사회에서 대학이 창업과 창직에 나서야 할 이유는 너무 자명하다. 큰 폭으로 줄어드는 것이 큰 걱정이지만 여하튼 현재는 20세 성년에 이르는 청년들이 매년 60만 명에 달하고 있다. 그런데 이들을 위해 우리 사회는 '좋은 일자리'를 매년 10만 개도 제공하지 못하고 있으며, 로봇이나 인공지능의 발달로 그나마 더욱 줄어들 것이 확실하다. 대기업 위주의 경제성장으로는 새로운 직업을 많이 만드는 일이 불가능함은 이미 주지의 사실이기에, 일자리 창출은 우리 미래 사회의 안정을 좌우할 가장 중요한 이슈임에 틀림없다.

　이제 대학은 새로운 일자리를 만들어내는 주역이 되어야 한다. 미국은 전체 기업의 4%에 불과한 벤처기업이 신규 일자리의 절반 이상을 만들어내며 영국도 일자리의 60%를 벤처기업이 만들어내고 있다. 대학 스스로가 연구성과를 이용해 이를 벤처기업으로 이어가야 하는 이유다. 이런 측면에서 대학은 창업도 연구의 주요 성과로서 그 가치를 인정해야 한다. 그러나 창업을 위한 연구만 의미가 있는 것은 당연히 아니다. 모든 자연 현상에 대해 우리는 호기심을 지니고 있으며 이를 풀어가는 과정, 즉 기초연구에서 얻어지는 새롭고 가치 있는 지식은 대학의 가장 중요한 성과이며 자산이다.

지향점이 무엇이든 포스텍으로서 가장 강조할 일은 학생들을 아끼고 배려해서 그들이 미래에 각자의 의지를 구현하며 행복한 삶을 살 수 있는 기초를 확보해주는 일, 즉 튼실한 교육이다. 설립 이래 간직해온 이러한 교육에 대한 포스텍의 확고한 정신은 앞으로 더욱 강조될 것이다. 여기에 더해 가치창출대학으로서의 포스텍은 포항이 본원적으로 지니고 있는 불굴의 도전정신을 학생들에게 더욱 확실히 전수할 것이다. 인문사회학까지 포함하는 폭넓은 교육으로 전체 인류사회의 크고 복잡한 문제에 도전하며 실패해도 긍정적인 자세를 잃지 않고 다시 딛고 일어서는 인재, 그리고 우리 사회를 좀 더 따뜻하게 만드는 배려심을 지닌 인재를 양성하기 위해 진력할 것이다. 가치창출대학을 지향하는 포스텍을 우리 사회 모두가 관심을 갖고 응원해 주시길 기대한다.

2017년 6월

포스텍 총장 김도연 (dohyeonkim@postech.ac.kr)

1. 대학의 근본은 교육과 연구다

- '사회·경제적 가치창출'은 제3의 축이다
- 늦었지만 변화해야
- 한국 대학은 교육을 혁신해야
- 한국 대학은 연구도 혁신해야
- 교육과 연구는 가치창출대학의 근본이다
- 가치창출대학의 선순환 구조: 교육과 연구의 활성화
- 따뜻한 공동체를 만드는 가치창출대학

1. 대학의 근본은 교육과 연구다

'사회·경제적 가치창출'은 제3의 축이다

축(軸, axis)은 사물 또는 활동의 중심으로, 대학의 전통적인 축은 교육과 연구다. 교육의 목적은 지식전수와 인재양성이고, 연구의 목적은 진리탐구와 지식개발이다. 다시 이공계 대학을 기준으로 크게 나누면, 기초과학은 진리탐구에 치중해왔고, 지식(기술)개발은 주로 응용과학의 영역으로 간주해왔다.

그런데 지식산업시대의 도래와 함께 하나의 단어가 새로운 대세를 형성하고 있다. 이는 바로 '융합'이다. 한국 대학들에도 융합의 바람이 드세게 불어 닥쳤다. 응용과학과 인문학, 기초과학과 인문학, 기초과학과 응용과학, 응용과학과 경영학, IT와 인문학과 예술과 경제학과 사회학의 융합까지 그 자장(磁場)은 강력하다.

융합의 새로운 시대를 맞아 대학은 어떻게 근본적인 혁신에 도전할 것인가? 도전을 어떻게 새로운 성취, 새로운 변화로 완성할 것인가? 그 수단, 그 방법은 무엇인가? 그것은 어떤 정신, 어떤 비전에서 나와야 하는가?

혁신의 가장 중요한 목표는 대학의 사회적 기여도를 높이는 것이다. 대학마다 여건이 다를 수밖에 없겠지만, 분명한 것은 어느 대학도 시대가 요구하는 혁신에서 벗어날 수 없으며, 특히 이공계 대학은 연구 성과를 경제가치 창출과 직업 창출로 직결시키는 새로운 사명을 짊어져야 한다는 사실이다.

포스텍은 대학의 체질을 강화하면서 대학의 사회적 기여도를 한층 더 끌어올리기 위해 교육과 연구라는 대학의 전통적인 두 축에다 새로운 제3의 축을 추가하기로 결정했다. '사회·경제적 가치창출'이라는 축이다. 이러한 대학을 포스텍은 스스로 '가치창출대학'이라 명명했다. 우리나라 연구중심대학의 길을 개척해온 포스텍은 개교 30주년을 앞둔 2016년 상반기부터 한국 대학들이 사회적 존재의의를 드높이면서 지속가능한 성장으로 나아갈 새로운 길이 가치창출대학이라는 제언을 해왔다.

포스텍이 내건 가치창출대학은 우리나라로 시야를 좁혀볼 때는 낯선 단어이지만, 미국의 저명 대학들이 일찍부터 추구해온 '기업가형 대학(Entrepreneurial University)'과 크게 다르지 않다. 연구중심대학들이 이루어낸 혁신과 변화로, 동부의 매사추세츠공과대학(MIT), 서부의 스탠포드대학이 대표적 사례이다. 그들 대학은 탐구정신과 기업가정신을 겸비한 새로운 인재를 양성하면서 연구 성과(신기술)를 바탕으로 활발한 창업(創業)과 창직(創職)의 성과를 거두었다. 교육적으로 제도적으로 그리고 문화적으로 대학을 혁신했던 것이다. 당연히 대학으로 돌아오는 소득도 컸다. 수많은 동문 기업들이 저마다 대학의 재정 건전성 확보에 든든한 젖줄의 역할을 담당하면서, 이것이 다시 대학의 교육과 연구에 활력을 불어넣어 대학의 지속가능한 발전에 이바지하고 있다.

〈그림 1〉은 포스텍이 택한 '가치창출대학'을 설명하고 있다.

그림 1. 교육·연구·창업/창직의 유기적 관계

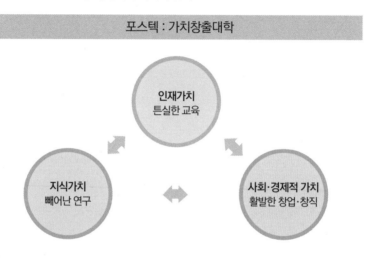

정명(正名)은 아주 중요하다. 어떤 일을 바르게 세워나가게 하는 기초와 같다. "이름이 바르지 않으면 말이 순조롭지 않고, 말이 순조롭지 않으면 일이 이뤄지지 않는다"라는 옛 성현의 말씀은 변함없이 꺼지지 않는 등불로 인간의 길을 가리키고 있다.

늦었지만 변화해야

포스텍은 대한민국 연구중심대학의 선구적이고 성공적인 모델이다. 세계가 인정하는 사실이다. 그러나 개교 30주년에 닥쳐온 융합의 시대를 맞아 기존의 교육과 연구라는 두 축에다 사회·경제적 가치창출이라는 제3의 축을 추가하겠다는 비전을 마련했다.

"한국 최고 연구중심대학의 기초 위에서 '최고 가치창출대학'으로 우뚝 서자." 이 선언은 사명의식의 천명인 동시에 생존전략의 표명이다. '사명의식'은 시대와 사회를 향하고 있다. 경제의 새로운 패러다임과 일자리 창출이라는 사회적 요청에 대학이 적극적이고 능동적으로 대응해야 한다는 책임감을 포함한 것이다. '생존전략'은 대학 내부를 향하고 있다. 한국의 '이공계 연구중심대학들(POSTECH, KAIST, DGIST, GIST, UNIST)' 중에 유일한 사립대학으로서 백년대계 차원의 재정 건전성을 확보할 수 있는 방안을 강구해야 한다는 절박감을 반영한 것이다.

교육과 연구라는 대학의 전통적인 두 축을 보강해 '가치창출대학'을 이루자는 제언에 대한 비판적 목소리는 맨 먼저 대학 내부에서 나왔다. 서로 다른 견해들이 상존하는 지성의 공간에서 이견(異見)이 제기되지 않는다면 이는 오히려 비정상이다. 이견이 제기되지 않는 혁신은 독단으로 미끄러지기 쉬우며, 독단은 흔히 정명(正名)을 거스르는 기형(奇形)을 구축하게 된다. 물론 이견은 상충이나 분열로 이어질 가능성이 있다. 하지만 이성적 소통은 그것을 막아낼 수 있다.

만물은 변화하며, 변화는 도전에 대한 응전의 결과라 불러도 좋다. 경쟁의 세계는 냉혹하기에 변화의 때를 놓치면 도태되기 쉽고 변화 자체를 거부하면 소멸될 수 있다. 불변은 윤리적 차원에서 빛나는 가치를 발현하기도 하지만, 복잡하고 치열한 생태환경 속에서 그것은 도태와 소멸의 원인이다. 대학도 예외가 아니다. 대학의 발전에는 혁신이 있었다. 대학이 부단히 자기 혁신을 도모하지 않았다면 오늘날

대학은 인류사회에 건재할 수 없었을 것이다.

교육과 연구는 대학의 영원한 두 축이다. 그러나 교육과 연구는 시대적 환경에 적응하는 방향으로 변화해야 한다. 한국 대학들은 변화에 둔감했고, 그만큼 교육과 연구의 변화에도 뒤처지고 있다. 한국 대학들의 변화는 분명히 늦었지만 이제부터라도 시작해야 한다. 대학이 실천해온 교육과 연구의 부단한 혁신은, 새로운 융합의 패러다임이 전개되는 상황에서 마침내 '사회·경제적 가치창출'의 새로운 축을 부르고 있다.

한국 대학은 교육을 혁신해야

우리 대학들의 교육은 왜 변화해야 하는가? 정답은 간단하고 명확하다. 시대적 환경 변화가 그것을 요구하기 때문이다.

1970년대 한국사회에서 대학생은 선망의 대상이었고 대학은 양질의 직장을 보장해준다는 것이 통념이고 상식이었다. 대학을 졸업하고 괜찮은 직장을 잡고 30년쯤 일하다가 은퇴하여 20년쯤 노후생활을 누리면 되던 시절이었다. 평균 수명이 70세 안팎이었으니 그것은 개인의 인생설계를 위한 사회적 정석처럼 굳어져 있었다. 그러나 이미 세상은 바뀌었다.

내셔널 지오그래픽은 2013년 5월호 표지기사로 그해에 태어나는 아이들의 수명은 120세라고 했다. 타임(TIME)지는 한 술 더 떠 2015년 2월호 표지기사로 그해에 태어나는 아이들은 142세까지 살 것이라고 했다. 생명과학, 의학의 급격한 발달에 따른 신인류의 출현을 예견한 것이다. 그러나 장수만 하는 것이 행복할 수 없다는 것은 자명한 일이다. 요즘 학생들이 대학 졸업 후의 인생설계를 과거와 같이 한다면 그것은 부질없고 허황한 몽상에 지나지 않는다.

시대의 변화에 따라 사회의 모든 요소들이 영향을 받는 것처럼, 대학 교육도 시대의 변화에 발맞추어야 한다. 100세 이상 사는 것이 보편화되는 시대가 눈앞에 와 있으니 대학은 '졸업 후 70년'의 인생에도 인간의 가치를 부여하고 보장해줄 수 있는 교육시스템을 갖추어야 한다.

대학 자체의 존립 근거라는 관점에서도 교육은 혁신과 변화의 대상이다. IT기술이 급속하게 발전하고 있던 1997년 미국의 미래학자 피터 드러커는 30년 후 대학은 역사의 유물이 될 것이라며 대학의 종말을 예측했다. 그의 예측대로 2027년에 가서 대학이 사라질 것 같지는 않지만 최근 각광을 받고 있는 MOOC(Massive Open Online Course, 온라인 공개수업)는 시사점이 크다. 하버드대학과 MIT가 제공하는 수업을 인터넷으로 편한 시간에 편한 장소에서 제한 없이 수강할 수 있는데 종래의 교육 형태를 고집하는 많은 대학들은 과연 얼마나 더 오래 존속할 수 있을까?

과거의 대한민국 대학들은 학생들에게 선진국의 학문과 기술을 전수하는 역할에 충실했다. 산업과 경제의 측면에서는 기술(지식)을 잘 전수 받은 인재 배출이 대학의 가장 큰 목표였다. 이는 강의실 수업만으로도 달성할 수 있었으며, 열심히 공부하고 암기 잘하는 인재면 충분했다. 그러나 1980년대 중반에 접어들어 상황은 본질적으로 변화하기 시작했다. 선진국과 경쟁관계를 형성하면서 지식을 전수할 뿐만 아니라 연구를 통해 새로운 지식을 창출해야 했다. 연구를 통한 새로운 기술개발(지식창출), 이것이 한국 대학들의 새로운 가치로 부상했으며, 연구중심대학 출현의 시대적 배경이기도 하다.

한국의 연구중심대학은 1986년 포스텍의 개교로부터 막을 올렸다. 그 후 30년, 이제 새로운 시대가 문을 활짝 열었다. 최근 많이 회자되고 있는 4차 산업혁명이 그것이다. '과거의 교육'으로 양성되는 인재들은 더 이상 주역으로 성장할 수 없는 세상이 눈앞에 펼쳐져 있다. 대학 교육이 다시 전환기에 직면한 것이다.

현재 세계에서 가장 가치가 큰 호텔체인은 부동산이 하나도 없는 에어비앤비이고, 가장 큰 택시업체는 자동차가 하나도 없는 우버이며, 가장 큰 소매상은 매장이 하나도 없는 알리바바다. 세계의 기업 판도가 과거와 다른 형태로 급격히 재편되고 있는 것이다. 개인도 뉴노멀시대에 대비해야 한다. 한 직장에서 계속 일하는 것보다 프로젝트에 따라 일하는 것이 보편화되면서 여러 직장을 옮겨 다니며 자신의 가치를 입증할 수 있어야 할 것이다.

또한 인류는 이미 융합을 기반으로 다양성과 신속성이 극대화된 이른바 4차 산업혁명을 경험하고 있다. 2015년 기준으로 독일 암베르크에 있는 지멘스 공장에서는 25년 전과 비교해볼 때, 동일한 직원 수로 5배 이상 종류의 부품을 8배나 생산하면서도 제품의 결함은 오히려 50배나 감소했다고 한다. 이러한 혁신은 개인의 요구사항에 대응할 수 있는 유연한 생산시스템 구축으로 이어지고 있다. 생산된 자동차를 개인적으로 튜닝하는 것이 아니라, 개개인이 희망하는 튜닝까지 생산에 반영하는 시스템이라고 할 수 있다.

기술의 진보는 기계가 단순히 생산 노동력을 대체하는 것에 그치지 않을 것이다. 질병 진료, 법률 상담 같은 지적 노동력의 대체까지 포함하는 파괴적 변화도 수반한다. 인공지능 약사와 인공지능 회계사의 등장도 머지않았다. 세계경제포럼에서는 생산자동화, 공유경제, 소비자와 생산자 직거래 등으로 2020년까지 200만 개의 새로운 직업이 생기고 710만 개의 기존 직업이 사라질 것으로 예측하고 있다. 대학에서 하나의 전공을 공부한 후 일생을 그 전공과 관련된 일을 하면서 살아가는 것이 불가능한 시대가 다가오고 있다.

이제부터 대학은 융합의 시대인 미래 지식산업사회를 주도해 나갈 인재를 양성해야 한다. 교과목 위주의 강의실 교육, 하나의 전공에 매달리는 교육만으로는 어림없는 일이다. 창의적인 학습 토대를 제공해야 한다. 다양한 사회경험을 유도해야 한다. 기업가정신과 창업의 도전정신을 가르쳐야 한다. 새로운 시대의 새로운 삶을 잘 영위해 나갈 시민의식과 윤리의식을 길러줘야 한다.

우리 대학들은 교육을 혁신해야 하고, 우리의 대학 교육은 변화해야 한다. 특히, 가치창출대학으로 나아가는 상황에서 'NMC Horizon Report 2016 고등교육 에디션'의 다음과 같은 보고를 깊이 새겨들어야 할 것이다.[1]

지난 20년간 미국 고등교육과정에서 제공하는 공식적인 기업가 과정(Entrepreneurial Courses) 수가 기하급수적으로 증가하고 있으며, 현재 기업가가 되기를 희망하는 대학생은 거의 25%에 달한다. 이러한 트렌드가 꾸준히 구체화되면서 긍정적인 영향이 분명해지고 있다. 유럽위원회(European Commission)의 연구에 따르면 또래들과 비교하여 기업가 프로그램에 참여한 학생이 더 빨리 취업하고 또한 직장에서 혁신을 주도하거나 새로운 사업을 시작하는 데 더

큰 자신감을 나타냈다.[2]

한국 대학은 연구도 혁신해야

연구를 뜻하는 영어 단어 Research는 '무엇인가 찾는 것을 시도하다'라는 뜻을 가진 중세 프랑스어 Recherche에서 유래하였다.[3] 한자로 研(연)은 '갈다, 문지르다'라는 의미이고 究(구)는 '궁구하다'라는 의미를 지니고 있다. 그리고 연구의 결과인 지식은 보통 '횃불'로 비유된다. 세상을 밝히는 빛과 같은 역할을 한다는 뜻이다.

30여 년 전에 포스텍은 '연구중심대학'이라는 기치를 내걸고 출범했다. 그러나 포스텍은 대학의 중심이며 근본 중의 근본인 '교육'을 '연구'의 뒷자리에 놓은 것이 아니었다. 다만, 그때는 한국 대학들의 연구 성과와 환경이 너무 열악했기 때문에 '연구'를 강조하는 차원에서 '연구중심대학'이라는 기치를 치켜들어야 했다.

포스텍은 '다음 30년'을 준비하는 때에 '가치창출대학'이라는 또 다른 새로운 기치를 내걸었다. 30여 년 전과 마찬가지로 '교육'과 '연구'의 뒷자리에 '사회·경제적 가치창출'을 놓았다. 물론 교육과 연구가 유기적 관계로 상호 영향을 주고받으며 맞물려 돌아가는 것처럼, 앞으로 교육과 연구와 사회·경제적 가치창출의 관계도 그렇게 만들어나가야 한다.

훌륭한 교육이 있어야 뛰어난 연구 성과(기술)를 이루어낼 수 있고, 유능한 인재와 효율적인 시스템이 있어야 그것을 사업화, 창업, 창직으로 연계시킬 수 있다. 현재 우리 대학들에 크게 부족한 것은 연구

'한국 최초 연구중심대학'의 성공적인 출범에 즈음한 박태준 포스텍 설립이사장의 인터뷰 기사
(동아일보 1987. 1. 24.)

의 중요한 마무리라 불러도 좋을 사업화 능력이며, 바로 이것을 보강하는 것이 가치창출대학이다. 물론 여기서 하나의 세심한 주의가 요구된다. 이공계 대학은 '연구'를 통해 실용적으로 쓰이는 결과만 내는 것이 아니라는 평범한 상식을 명심해야 하는 것이다. 의미 있는 이론으로 존재할 연구 결과와 새로운 지식으로 조명 받을 연구 결과는 '횃불'의 차원에서 항상 존중받아야 한다. 가치창출대학은 기초연구의 가치를 더욱 귀하게 여겨야 한다.

대학이 '사회·경제적 가치창출'의 능력을 갖추기 위하여 대학의 '연구'를 어떻게 혁신할 것인가? 개교 이래로 '산학연 협력'을 하나의 전통으로 구축해온 포스텍은 2016년 4월 '산학협력 중장기 발전계획'을 수립하고 이를 새로운 혁신의 방향으로 결정했다. 이것은 대학의 기존 '연구' 문화에도 새로운 자극제가 될 것이다.

새로운 산학협력 체계가 연구 활동에 어떤 변화를 일으키고 그것이 가치창출대학으로서의 성취에 어떻게 기여할 것인가? 이 질문에서 출발하는 산학협력 혁신 계획에는 다음의 〈그림 2〉에서 볼 수 있듯이 크게 세 가지가 배경을 형성하고 있다. 즉, 국가적 차원과 정부의 정책 방향, 지역사회의 조건과 수요, 그리고 대학 자체의 여건 등이다.

국가적으로는, 청년 일자리 확충과 우리 기업의 글로벌 경쟁력 강화가 초미의 과제다. 이것은 대학의 적극적이고 능동적인 역할을 강하게 요청하고 있다. 대학이 기업과의 새로운 협력체계를 갖춰서 연구 성과(기술)의 사업화와 벤처기업 창업으로 경제 가치 창출, 일자리 확충(창직), 그리고 기업의 경쟁력 향상에 기여해야 한다는 것이다.

포스텍이 속한 포항지역의 경우, 철강 일변도의 단일 산업구조에서 탈피하고 미래를 책임질 신산업을 육성하는 것이 더 미룰 수 없는 과제로 대두돼 있다. 이것은 지역을 대표하는 대학이 지역경제 혁신과 발전에서 중추적 역할을 맡아야 한다는 것을 강하게 요청하고 있다. 가치창출대학은 지역사회와 동반 혁신하면서 함께 성장하는 것을 중요한 비전의 하나로 추구하는 대학이다.

포스텍의 자체 여건으로는, 우리나라를 대표하는 연구중심대학으로서의 사회적 소명을 어느 정도 달성한 개교 30주년을 맞아 이제부터 더 늦기 전에 스스로가 대학의 지속가능한 성장 동력을 확보해 나가야 한다. 새로운 산학협력체계를 구축하여 교육과 연구에 활력을 불어넣으며 연구 성과들을 사회·경제적 가치창출로 이어가야 한다.

그림 2. 산학협력 발전계획의 배경과 방향

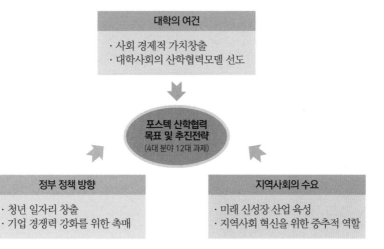

위의 세 가지 배경은 그 자체로서 산학협력 혁신의 비전이라 할 수 있다. 그것을 실현해나갈 방안은 다음의 〈그림 3〉에서 볼 수 있듯이

4대 과제와 12대 핵심과제가 구체적인 답을 제시해 준다.

4대 과제는 산학 친화형 시스템 및 인프라 구축, 미래 선도형 융합연구와 혁신인재 양성, 교육 및 연구 성과의 산업계 전파, 그리고 'Univer+City: 대학과 도시의 상생 발전' 등이다.

그림 3. 산학협력 발전계획의 4대 과제와 12대 핵심과제

산학 친화형 시스템 및 인프라 구축	산학연계 및 협력을 위한 토대 구축 1) 산학일체 연구 센터 2) Two Pillar System(리서치 허브 & 수도권 비즈니스 허브) 3) 산업 친화형 교원 인사제도
미래 선도형 융합연구와 혁신인재 양성	4차 산업혁명을 선도할 혁신적 교육 및 연구 성과 창출 4) 미래 선도형 융합연구(Strong 20) 5) 창의적 공학인재 양성 6) 기술창업 엘리트 발굴 육성
교육 및 연구성과의 산업계 전파	연구성과의 산업계 전파 및 대학 재투자의 선순환 시스템 확보 7) 기업연계 업무 고도화 8) World Class IP 확보 및 시스템 기반 기술이전 활성화 9) 포스텍 벤처펀드 조성을 통한 벤처 생태계 확보
Univer+City: 대학과 도시의 상생발전	지역 발전을 위한 혁신활동 주도 10) 지역산업구조 고도화 및 미래 신성장 산업 육성 11) Future City Pohang 12) 대학과 지역사회의 상생 문화 조성

첫째, 산학연계 시스템 및 인프라를 구축하기 위해서는 산학일체 프로그램, Two Pillar System(포스텍 캠퍼스 내의 리서치 허브와 수도권에 자리잡는 비즈니스 허브), 산업 친화형 교원 인사제도 등 3대 핵심과제를 실현하고 있다. 종래의 '산학협동'을 넘어 '산학일체'가 되는 일은 매우 중요하다. 포스텍은 기업에 있는 우수 연구자를 전임교수로 채용하여, 대학과 기업이 공동연구를 수행하는 '산학일체 연구센터'를 설립하고 이를 운영하고 있다. 리서치 허브는 기업연구소를 캠퍼스에

유치하는 곳이고, 수도권 비즈니스 허브는 글로벌 네트워크 구축과 투자유치의 전진기지이다. 2017년 포스텍은 제2판교 테크노밸리에 지상 9층, 지하 2층 규모의 비즈니스 허브 설립을 추진하고 있다.

둘째, 미래 선도형 융합연구와 혁신인재 양성을 성취하기 위해 포스텍은 〈Strong 20〉이라 부를 20개의 'World Leading 연구그룹' 육성과 더불어 창의적 공학인재 양성, 기술창업 엘리트 발굴과 육성이라는 3대 핵심과제를 추진하고 있다. 미래를 선도할 '세계적 연구그룹' 육성에는 포항방사광가속기 중심의 기초과학 연구그룹, 해당 분야에 영향력이 큰 연구그룹, 기술사업화와 창업의 가능성이 높은 연구그룹, 기업의 요구에 맞춘 산학일체형 연구그룹 등을 우선 발굴하고 있다. 창의적 공학인재란 이론과 실제를 융합적으로 겸비해 산업수요에 적합한 인재를 말하며, 이러한 인재를 길러내는 데는 산학일체의 교육 및 연구 프로그램이 큰 성과를 올릴 수 있다. 미래사회를 선도할 기술창업 엘리트 발굴과 육성을 위해서는 창업 전주기 맞춤형 프로그램과 고도화된 교육 프로그램을 운용하면서 동문기업협의체도 적극 활용해야 한다.

셋째, 교육 및 연구 성과의 산업계 전파를 촉진하기 위해서는 기업연계 업무의 고도화, World Class IP 확보 및 시스템 기반 기술이전 활성화, 포스텍펀드 조성을 통한 벤처생태계 구축이라는 핵심과제를 실현해야 한다. 기업연계 업무의 고도화에는 무엇보다 연구 성과들을 산업계에 제대로 전파할 수 있는 각종 연계 프로그램과 네트워크를 만들어 적극적으로 활용하는 것이 중요하다. World Class IP 확보 및 시스템 기반 기술이전 활성화를 위해서는 세계적 수준의 지식재산을 선제적으로 확보해야 한다. 그리고 기술의 이전과 사업화가 대학의 재정 건전성 확보와 지속가능한 성장에 기여하게 된다는 점을 인식하고 있어야 한다. 벤처기업은 가치창출대학의 중요한 구성요소로, 학내의 우수한 기술을 창업으로 이어나갈 소중한 동력을 담당하게 된다.

넷째, 'Univer+City: 대학과 도시의 상생 발전'을 이루기 위해 지역 산업구조의 고도화 및 미래 신성장 신업 육성, Future City 사업, 대학과 지역사회의 상생 문화 형성이라는 3대 핵심과제를 추진하고 있다. 대학의 탁월한 연구 성과와 인프라를 활용할 지역의 산·학·연·관 협력이 활성화돼야 산업구조 재편과 신산업 생태계 조성의 길이 열린다. Future City 사업은 도시 관리의 효율성을 높이면서 고부가가치 신산업 창출을 유발할 수 있는 방안이다. 대학과 지역사회의 상생 문화를 바탕으로 지역 대학들의 역량을 활용하면 '연구를 넘어 산업'으로 이끌어나갈 대형 프로젝트를 추진할 수 있다. 독일 드레스덴 컨셉트, 미국 피츠버그 엘레게니 컨퍼런스는 연구하고 참고해볼 만한 사례이다.

교육과 연구는 가치창출대학의 근본이다

하나의 진지한 질문을 생각해 보자.

'교육과 연구라는 대학의 전통적인 두 축에 사회·경제적 가치창출이라는 제3의 축을 하나 더 추가하는 혁신, 이 체제 변화가 과연 교육과 연구에 어떤 영향을 미칠 것인가?'

한국의 연구중심대학들이 가치창출대학으로 나아가야 한다는 제언에 대한 이견과 비판은 '대학은 교육을 통해 인재를 배출하고 연구를 통해 지식(기술)을 생산하는 곳, 대학은 교육하고 연구하는 곳'이라는 오래된 인식과 신념을 논리의 주요 근거로 삼고 있다. 이에 관련된 몇 가지 주장을 살펴보자.

첫째, 기업에 당장 필요한 기술은 기업 연구소가 해결하고 중장기적인 문제와 미래기술은 대학이 연구하는 기존 역할분담의 구조를 유지하는 쪽이 더 바람직하다. 둘째, 대학이 사회(기업, 산업)에서 원하는 인재를 제대로 배출하지 못하거나 새로운 기술(지식)을 생산하지 못하고 있다면, 그에 대한 정확한 진단과 처방으로 교육과 연구의 수준을 높이면 된다. 셋째, 대학의 창업이란 수준 높은 연구를 통해 얻어낸 결과에 대한 이차적 산물인데, 대학이 그것을 생산하지 못하는 상황에서는 불가능한 일이다. 넷째, 한국의 연구중심대학들은 미국이나 중국처럼 세계 각국의 유망한 연구자들을 파격적 대우로 초빙하거나 연구 인프라 확충을 위해 지속적으로 투자할 능력을 갖추지 못하고 있다.

모두 귀담아 들어 마땅한 주장들이지만 가장 뼈아프게 들리는 것은 '넷째'이다. 즉, 선진국의 선도 대학들이 가지고 있는 연구중심 드라이브를 위한 시스템을 제대로 갖추고 있는 국내 대학은 보이지 않는다라는 지적이다.[4] 한국의 이공계 연구중심대학들 중에 유일한 사립대학은 포스텍이다. 더 이상 과거와 같은 포스코의 전폭적 지원을 기대하기 어려운 포스텍으로서도 '연구중심 드라이브 시스템'을 갖추는 일은 어려워진 형편이다. 그러나 성장을 멈출 수는 없다. 새로운 활로를 찾아야 한다. 대학의 활력은 일차적으로 재정에서 비롯한다. 재정이 뒷받침해줘야 세계적 유명 연구자를 모셔올 수 있고 새로운 연구 인프라를 갖추며 기존의 것을 개선할 수 있다.

그렇다고 튼튼한 재정을 확보할 수 있는 길이 시원하게 열려 있는 것은 아니다. 과거의 전통적인 재원 확보 방식은 크게 세 가지다. 교수들의 연구 프로젝트, 학교법인의 지원, 동문을 포함한 뜻 있는 인사들의 기부 등이다. 그러나 이들 방식이 한계에 도달해 있다는 것은 한국의 모든 대학이 절감하고 있다. 바로 이 현실적 조건에 가치창출대학은 놓여 있다. 연구 성과들을 더 적극적으로 창업과 연결함으로써 그 기업들의 이윤 중 일부가 지속적으로 대학으로 돌아오게 하자는 것이다.

그러한 가치창출대학의 전제조건은 더 높은 수준의 교육과 연구이다. 교육은 새로운 시대를 선도해 나갈 융합적이고 창의적인 인재를 양성해야 하고, 연구는 새로운 기술(지식)들을 개발할 뿐만 아니라 그것을 창업으로 연결할 수 있는 실력도 갖추어야 한다. 교육과 연구가 제대로 되지 않으면 대학은 아무것도 이룰 수 없다. 가치창출대학의 근본은 교육과 연구다.

사회·경제적 가치창출이라는 세 번째 축을 추가한 대학은 그것을 활용해서 교육과 연구라는 전통의 두 축을 더 튼튼하게 해줄 수 있는 선순환 구조를 만들고 이를 새로운 문화로 가꾸어야 한다.

가치창출대학의 선순환 구조: 교육과 연구의 활성화

가치창출대학이 가장 먼저 관심을 기울여야 할 일은 교육과 연구에 새로운 활력을 불어넣는 것이다. 교육과 연구가 만든 지식을 사회·경제적 가치로 연계해야 하는 것이 당면과제이지만, 만약 대학이 교육과 연구라는 본연의 임무를 등한시하면서 수익 창출에만 몰두하게 된다면 결국 대학은 고유의 사명을 상실할 것이다.

그러나 가치창출대학의 사회·경제적 가치 창출은 근원적으로 대학의 교육이나 연구와 불가분 관계를 형성하고 있다. 그것은 교육과 연구의 수준을 높이는 새로운 동력으로 거듭나게 된다.

대학이 기술의 사업화를 통해 수익을 얻으면, 대학은 수익을 기금으로 넣어 대학 재정의 건전성에 이바지한다. 이 기금은 다시 대학의 교육과 연구를 위해 재투자되고, 이 재투자가 한 차원 더 높은 혁신 기술을 개발하고, 이 기술이 창업으로 이어지면서 사회·경제적 가치의 창출 규모를 더욱 늘릴 수 있다. 이것이 〈그림 4〉와 같은 가치창출대학의 선순환 구조이다.

그림 4. 가치창출대학의 선순환 구조

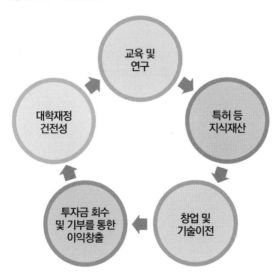

일례를 들어 보면, 포스텍에서는 2017년 6월 기준으로 총 45개 교원 창업이 이루어졌다. 이들 가운데 생명과학과의 성영철 교수가 1999년 창업한 ㈜제넥신은 차세대 유전자 치료백신, 면역치료약물개발을 주요 사업내용으로 2009년 코스닥에 상장되어 현재 약 1조 원의 기업가치를 가지고 있다. 성 교수는 상장 이후 대학에 100억 원이 넘는 주식을 기부하였고, 대학은 이를 기본자금으로 하여 총 1,000억 원의 포스텍펀드(POSTECH Fund)를 조성하려 하고 있다. 이 펀드는 대학의 창업문화를 가꾸고 포항지역의 산업구조를 개편하는 시드 머니(Seed Money)로 사용될 예정이다.

대학의 교육과 연구를 기반으로 성공한 동문 기업이나 연구자들이 모교에 기부하는 행위도 가치창출의 선순환 구조다. 모교의 가치가 올라가면 자신의 가치도 올라간다는 인식은 동문 기부의 동기에 포함돼 있다. 기부에 의한 선순환 구조에는 대학이 창출하는 가치에 동감하는 사람이면 누구나 참여할 수 있다. 튼실한 교육과 빼어난 연구의 가치가 높이 평가되면, 기업이나 개인의 기부가 대학에 모이게 된다. 대학은 이를 교육과 연구에 재투입하고, 여기서 다시 더 큰 가치들을 만들어낼 수 있다.

대학이 지식 성과를 통해 사회·경제적 가치를 창출하게 되면 대학의 연구 자율성은 더욱 확대될 수 있다. 정부나 재단의 지원을 받아 대학이 수행하는 연구 프로젝트의 경우에는 정부의 정책이나 재단의 방침에서 결코 자유로울 수 없다. 하지만 대학이 스스로 창출한 재원에 의해 지원을 받는 경우에는 외부 간섭 없이 독립적으로 연구 활동을 진행할 수 있게 된다.

대학의 재정 건전성과 연구 자율성 확보는 가치창출대학이 설계하고 추구하는 '선순환 구조'의 목표이다. 이 구조는 응용 학문인 공학에만 적용되는 것이 아니라 기초 학문인 수학, 물리학, 화학, 생명과학 등에도 적용될 수 있다.

따뜻한 공동체를 만드는 가치창출대학

인류가 산업자본주의 사회에 들어선 이후 과학기술은 부(富)를 창조하는 가장 중요한 수단이 되었다. 이는 미래사회에도 달라지지 않을 것이다. 부는 양면성을 지닌다. 부가 인간의 삶을 풍요롭게 만들기도 하지만, 부의 불평등이 인간의 불행을 초래하는 것이다. 과학기술에 대한 예리한 비판은 '자연의 섭리와 진리를 탐구하고 새로운 지식과 기술을 창조하는 과학기술이 자본주의적 이윤추구의 도구로 전락해도 되는 것인가?'라는 것이다.

그러나 인간은 부의 추구를 멈출 수 없을 것이기에 우리가 현실적으로 다뤄야 하는 문제는 인간의 불행에 직결된 부의 불평등 구조를 개선하는 것이다. 가장 바람직한 삶은 '필요한 부를 구하되, 부에 지배당하지 않는 삶을 영위하는 것'이다. 부에 지배당하지 않는 삶, 이는 철학적이고 정신적인 차원이며 '가치관, 인생관, 세계관'의 차원이기에 바로 여기서 교육의 역할이 제기된다.

그런데 가치창출대학의 외형적인 이미지는 '부의 추구'라는 오해를 받기 쉽다. 창업을 통해 새로운 일자리(창직)를 주도적으로 만들어 나가고 지식산업시대, 4차 산업혁명 시대를 이끌어나갈 혁신적 인재를 양성해야 한다는 제언이 단순히 '부를 더 많이 생성해 보자'라는 주장으로 잘못 이해될 가능성이 없지 않다.

교육과 연구라는 대학의 전통적인 두 축을 보강해줄 제3의 축인 '사회·경제적 가치창출'에서 굳이 '사회'를 앞세운 이유는 그것이 창업과 창직의 범위를 넘어서기 때문이다. 가치창출대학의 사회·경제적 가치창출은 대학의 교육과 연구에 활력을 불어넣는 선순환 구조를 만들기 위해 강조되었는데, 그것이 어떤 교육과 어떤 연구를 지원할 것인가에 대하여 대학은 '인재 양성'의 관점에서 고민해야 한다.

우리 대학들은 현재까지 치열한 경쟁의 구조 속에서 성장해온 학생들을 받고 있다. 물론 개인별로는 천차만별이겠으나, 그들은 대체로 경쟁과 승리에 익숙하고 '따뜻한 공동체'를 꾸려나가기 위한 배려와 관용과 협력에는 미숙한 편이다. 이것은 우리 대학들이 인재 양성에서 적극적으로 지향해야 할 목표를 알려주는 나침반과 같다.

가치창출대학은 새로운 시대의 주역이 될 수 있는 혁신 인재를 길러야 하며, 그들은 당연히 '따뜻한 공동체'에 이바지할 수 있어야 한다. 이것이 가치창출대학의 '교육 지표'가 되어야 한다.

가치창출대학으로서의 '교육 지표'의 실현을 위해서는 학생들이 고등학교 졸업 때까지 제대로 경험해보지 못했던 '단체 스포츠'를 활성화하는 것도 좋은 방안의 하나가 될 것이다. 가령, 조정 경기 같은 스포츠는 배려와 협력의 중요성을 체험할 수 있는 최적의 활동이다.

가치창출대학은 연구 문화 개선에도 앞장서야 한다. 국가의 경제발전과 창직이라는 사회적 역할에 기여할 수 있는 연구와 더불어 따뜻한 사회로 발전하는 데 기여할 연구를 더욱 지원해야 한다.

연구의 스펙트럼은 아주 다양하다. 이론 그 자체로서 존중 받아야 하는 연구에서부터 막대한 부의 창출로 이어지는 연구까지—이 안에는 수많은 연구들이 실재한다. 그 중에는 '적정 기술'도 있다. 오랜 가뭄으로 식수문제에 숱한 사람들의 생명이 걸려 있는 아프리카 어느 지역을 떠올려보자. 그곳에서는 흙탕물을 음용수로 바꾸는 기술, 지하의 물을 찾아내서 마실 수 있게 해주는 기술이 '가장 가치 있는 기술'이다. 가치창출대학의 교육 지표를 내면화한 인재는 그러한 적정 기술을 개발하기 위해 얼마든지 자신의 연구 능력을 바칠 수 있는 '따뜻한 사람'이다.

따뜻한 공동체, 그래서 행복한 사회는 경제적 상황이나 사회적 제도와 결코 떨어질 수 없는 문제이다. 그러나 근본적인 기반은 시민 개개인의 가치관과 그 총체적 평균이라 불러도 좋은 시민의식의 수준, 문화적 수준이다. 이것은 미래사회에서 주도적인 역할을 맡게 되는 인재를 배출하고 지식을 창출해야 하는 가치창출대학에게 무엇을 시사(示唆)하는가?

가치창출대학의 교육 지표를 내면화한 인재가 경영하는 기업은 '따뜻한 공동체'에 이바지할 '따뜻한 기업'의 길로 나서야 한다. 현재 세계 제일의 부자로 알려진 빌 게이츠는 '친절한 자본주의'나 '창조적 자본주의'를 주창하며 미국 사회의 정치적 이념적 논쟁과는 무관하게 커다란 사회공헌을 실천하고 있다. 우리의 대학들도 '가치창출대학의 선순환 구조'와 '교육 지표'의 상관성을 실현할 수 있는 방안을 마련하여 따뜻한 공동체 만들기에 앞장서야 한다. 이것이 사회적 가치 창출의 핵심이다.

2. 가치창출대학이란 무엇인가?

- 대학의 '가치창출'
- 미래전략으로서의 가치창출대학
- 가치창출대학은 혁신 인재를 기른다
- 가치창출대학과 사업화 조직
- 가치창출대학과 비즈니스 허브·리서치 허브
- 가치창출대학의 구조
- 가치창출대학의 체계
- 가치창출대학의 전략
- 가치창출대학의 리더십
- 가치창출대학의 문화

2. 가치창출대학이란 무엇인가?

대학의 '가치창출'

가치란 의미가 있거나 유용한 것을 뜻한다. 의미는 추상적이고 유용은 실용적이기에 결국 추상적 가치와 실용적 가치가 있는 셈이다. 엘리트 집단으로 인식되어온 대학은 인문학적 교육과 연구를 통해 추상적 가치의 창출에, 그리고 이공학적 교육과 연구를 통해 실용적 가치의 창출에 기여해왔다.

인간이 가치창출의 주체로 인식되기 시작한 것은 오래 전이 아니다. 고대 그리스나 중세 시대에는 만물의 가치가 자연의 법칙 또는 신의 섭리에 의해 정해지는 것이라고 보았다. 인간에 의한 가치창조 행위가 금지되었기에 이자(利子)도 금지되었다.[5]

그러나 근대에 접어들면서 인간은 스스로가 가치창조의 주체라는 인식을 폭넓게 공유하였다. 새로운 인식과 행위가 인권, 자유, 평등 같은 도덕가치를 진작하고, 더 나아가 민주주의라는 사회가치, 정치가치를 창조했다. 그리고 경제가치도 생산했다. 이러한 시대적 변화 속에서 대학은 지식 전수와 생산, 교육과 인재 배출을 통해 중요한 역할을 담당했다.

경제가치가 인간에 의해 창출될 수 있다는 개념은 경제학의 주요 주제였다. 고전경제학은 인간이 노동을 통해 제품의 가치를 만들어 낸다는 노동가치설을 제기했고, 신고전경제학은 소비자들이 느끼는 주관적 효용에 따라 제품의 가치가 결정된다는 효용가치설을 주장했다. 또한 슘페터는 과학기술의 혁신을 통해 새로운 경제가치가 창출된다고 갈파했다. 이 이론들은 모두 인간이 경제가치를 만들어내는 주체라는 전제 위에 성립돼 있다.

근대사회의 특징은 사회 구조의 분화다. 사회 구조가 분화하면서 가치 생산 영역이 분화되어, 지식가치는 학자들이 생산하고 경제가 치는 기업들이 생산하고 정치가치는 정치인들이 생산한다는 식으로 인식하게 되었다. 하지만 최근에는 이러한 개념들이 다시 융합되는 방향으로 가고 있다.

최근에는 공유가치 창출(Creating Shared Value)에 관한 주장들이 제 기되고 있다. 기업이 경제가치만을 만들어내는 것이 아니라 사회가 치도 만들어내야 한다는 것이다. 이러한 주장은 대학에도 적용되고 있다. 대학이 지식가치만을 만들어내는 것이 아니라 사회가치나 경 제가치를 만들어내는 데도 참여해야 한다는 것이다.[6] 이것은 특정 영 역의 가치창출 행위가 서로 분리되어 있지 않다는 것을 바탕으로 삼 고 있다.

〈그림 5〉에서 볼 수 있듯이, 대학도 교육과 연구의 범위 안에 국한 해온 가치창출의 범위를 확장해야 한다. 다양한 분야와 협력하고 융 합하면서 더 능동적이고 더 체계적이고 더 적극적으로 사회 전체의 행복에 이바지하는 길로 나아가야 한다.

그림 5. 공유가치 개념

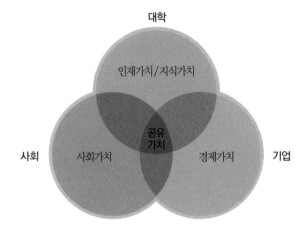

　가치창출대학의 개념은 간단하고 명료하다. 교육과 연구라는 대학의 전통적인 역할에 더해서 사회·경제적 가치를 추구하는 것이다. 즉, 교육과 연구의 성과를 경제적 가치로 극대화하고 사회적 가치로 확장하기 위해 전략적이고 체계적인 정책과 시스템을 창안하여 도입하고, 그 가치의 일부가 대학으로 돌아와서 교육과 연구의 활성화에 투입되는 선순환 구조를 확립하는 것이다.

　최근 들어 미국과 영국에서는 신규 일자리의 많은 부분을 벤처기업들이 제공하고 있다. 대학들이 연구하고 개발한 신기술과 아이디어가 활발한 벤처 창업과 창직으로 이어지기 때문이다. 이것이 바로 포스텍이 제안하는 '가치창출대학'의 전형이다. 현재 한국사회가 안고 있는 절박한 당면과제인 '청년 일자리 창출' 하나만 고려해 보아도 한국 대학들, 특히 연구중심대학들과 이공계 대학들은 '사회·경제적 가치창출'의 길을 개척해야 한다.

　벤처기업을 세울 수 있는 신기술과 아이디어는 대학이 많이 보유하고 있다. 이미 확보한 그것들을 어떻게 사회·경제적 가치로 연계시키면서 그 과실의 일부가 대학으로 돌아오게 만드는 혁신을 성취하여 가치창출대학으로 우뚝 설 것인가? 문제는 실현의 방법과 능력이다.

미래전략으로서의 가치창출대학

대학은 중세 시대에 지식의 전수와 재생산을 위해 설립되었다. 한국사회에도 '상아탑(象牙塔)'이 대학을 일컫는 말로 자주 오르내린 시절이 있었지만, '속세를 떠나 오로지 학문이나 예술에만 잠기는 경지'라는 상아탑의 원래 의미에 매우 근접한 것은 중세의 대학이었다.

그러나 르네상스와 계몽주의를 거치는 동안 대학은 인간의 삶에 실제로 도움이 되는 지식을 생산하는 곳으로 바뀌었다. '아는 것이 힘이다'라는 말로 유명한 프란시스 베이컨은, 지식은 인간의 삶에 실제로 도움이 될 때 가치가 있는 것이라고 주장했다.[7] 베이컨이 주장한 대로 대학은 근대사회에 들어 실제 가치를 창출하는 기관으로 변화해 나갔다.

한국에서도 대학은 교육과 연구를 통해 산업화와 민주화의 시대적 요청에 부응하는 인재와 지식을 공급했다. 그러나 이제 우리는 새로운 전환기를 맞고 있다. 글로벌이란 말이 이미 일상 언어로 굳어지고 4차 산업혁명이란 말이 현실로 펼쳐지는 전환기에, 대학은 일찍이 경험하지 못했던 혁신에 도전하지 않을 수 없다. 이 혁신의 지향점은 '가치창출대학'이며 그 실현을 위한 첫째 요건이 인식의 전환인데, 이를 위해서는 무엇보다 현실에 대한 객관적 진단이 필요하다. 현실

을 있는 그대로 받아들일 때, 그 문제의식이 인식전환을 유발하게 된
다.

우리 기업들은 글로벌 시장의 경쟁력 강화를 위해 신기술을 요구
하고, 우리 사회는 지식융합의 시대를 이끌어나갈 인재를 양성하여
그들이 새로운 형태의 기업과 직업을 만들어주길 요구한다. 아울러
우리 대학들은 지속적인 성장을 담보하기 어려운 재정적 제약과 한
계에 부딪히고 있다. 더 좋은 교육, 더 좋은 연구를 추진하기 위한 동
력은 날이 갈수록 약화되고 있다. 이것이 우리 대학들, 특히 사립대
학들의 엄연한 현실이다.

이러한 현실에 대한 문제의식과 인식전환에 두 발을 디디고 미래
를 내다볼 때 '가치창출대학'은 대한민국의 내일을 밝혀나갈 미래전
략인 동시에 우리 대학들의 생존전략이다.

가치창출대학은 혁신 인재를 기른다

새로운 가치를 창출하기 위해서는 무엇보다 새로운 인재를 양성해
야 한다. 가치창출대학은 기초연구와 도전적 연구를 함께 진행하면
서 이를 맡을 인재를 교육해야 하고, 대학이 창출한 지식(기술)을 기
업에 이전하거나 창업으로 연계할 수 있는 인재도 양성해야 한다.

그런데 연구 역량을 높이는 것과 연구 성과를 사업화하는 것은 서
로 맞물려 있으면서도 서로 다른 차원의 일이다. 여기서 서로 다른
두 가지를 한 가지로 결합할 수 있는 융합형 인재가 요구된다. 다음
의 〈그림 6〉에서 볼 수 있듯이, 대학이 융합형 인재 양성을 효율적으

로 실행하기 위해서는 기업과 손을 잡는 것이 바람직하다.

그림 6. 가치창출대학의 새로운 인력 양성 개념도

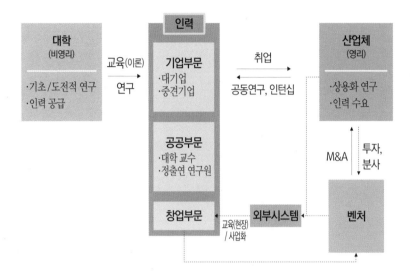

대학이 기업과 협력하는 방법은 혁신되어야 한다. 공동연구나 인턴
십 등으로 기업이 원하는 인재를 공급해온 종래의 관례를 유지하면
서 더 나아가 대학이 기업의 도움을 받아 실제 창업이나 기업운영에
필요한 지식을 얻어야 하는 것이다.

기업이 대학에 창업을 위한 교육 자원을 제공하는 것은 미래의 경
제가치와 사회가치를 육성하는 방안이기도 하다. 기업의 지원을 받은
대학 벤처기업이 크게 성장하면 이는 결국 경제성장과 창직에 기여하
는 일이다. 또한 대기업이나 중견기업은 인수합병(M&A)의 기회를 통
해 기업가치를 더 높일 수 있고, 벤처기업은 투자금 회수를 통해 새로
운 기술 개발에 도전할 여력을 마련할 수 있다. 이렇게 대학이 기업과

손을 잡고 새로운 인재를 양성하는 일은 대학, 기업, 사회 모두가 상생하는 길이다.

가치창출대학과 사업화 조직

〈그림 7〉에서 볼 수 있듯이, 가치창출대학은 혁신 가치를 만들 수 있는 인재 공급에서 멈추지 않고 지식 재산을 적극적으로 사업화하여 새로운 경제가치와 사회가치를 축적해야 한다. 이를 위해 대학은 기술지주회사 같은 기술사업화 조직을 설립해야 한다.

그림 7. 지식 재산권과 인력 교류의 측면에서 본 가치창출대학 개념도

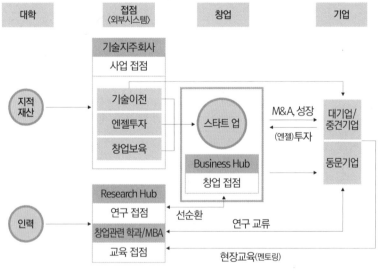

대학의 기술지주회사는 적어도 세 가지 기능을 겸비해야 한다. 기술

가치를 평가하여 라이선스를 제공하고 그것을 마케팅 활동으로 연계하여 수익을 얻는 '기술 이전' 기능, 사무실과 각종 정보를 제공하는 '창업 보육' 기능, 그리고 몇 번의 실패에도 연구 개발을 지속할 수 있도록 자금을 지원하는 '엔젤 투자' 재원 확보 기능 등이다.[8]

가치창출대학과 비즈니스 허브 · 리서치 허브

가치창출대학은 기술지주회사 같은 창업 기반과 더불어 〈그림 8〉에서 볼 수 있는 비즈니스 허브(Business Hub)와 리서치 허브(Research Hub)를 구축하는 것이 바람직하다.

그림 8. 비즈니스 허브와 리서치 허브

Business Hub
- 글로벌 네트워크 구축 및 투자유치 전진기지
- 기술지주회사 사무소, 창업보육센터, 변리사, 벤처캐피탈, MBA
- 대기업 및 동문기업 투자연계
- 기업연계프로그램(ILP) 확대 시행

선순환

Research Hub
- 글로벌기업, 동문기업, 지역기업 R&D센터 및 연구소기업 유치
- 산·학·연 클러스터 조성 (중점 연구 분야)
- 공동연구를 통한 혁신적 성과 창출
- 스타트업 발굴 및 벤처창업 활성화

비즈니스 허브는 창업에 필요한 모든 편이를 제공하는 곳이다. 실제 창업을 진행하는 공간은 물론이고, 이에 필요한 연결망도 제공해야 한다. 네트워크에는 실제로 창업에 관심이 많은 학교 구성원들과 동문을 포함한 기업인 멘토들의 참여가 대단히 중요하다. 서로 아이디어를 교환하여 그것을 발전시키기도 하고 조언을 통해 더 좋은 창

업 아이디어로 가다듬을 수 있기 때문이다.

비즈니스 허브에는 기술지주회사 사무소, 창업보육센터(Business Incubator, BI)뿐만 아니라 벤처캐피털회사를 설립해야 하고, 변리사를 포함한 사업 타당성 조사를 담당할 조직도 갖춰야 한다. 그리고 경영대학원 과정을 설립하는 것은 기업운영 능력을 높이는 데 도움을 줄 것이다.

〈그림 9〉에서 볼 수 있듯이, 비즈니스 허브가 반드시 대학과 가까운 곳에 위치할 필요는 없다. 특히 포스텍과 같은 비수도권 대학의 경우가 그러하다. 한국은 대다수 기업이 수도권을 중심으로 활동하기 때문에 수도권에 비즈니스 허브를 설립하는 것은 대학 구성원이나 졸업생의 창업에 도움을 줄 수 있는 바람직한 방안이다. 비즈니스 허브는 해외에 위치할 수도 있다. 글로벌 경쟁력을 높이는 것이 가치창출대학의 임무 가운데 하나라고 볼 때, 비즈니스 허브의 해외 설립은 창업 벤처에게 글로벌 시장의 경쟁 기반을 마련해주는 것과 같다.

그림 9. 비즈니스 허브의 확장

지역 창업 보육 센터	수도권 창업 보육 센터	글로벌 창업 보육 센터
지역 거점 창업 보육 센터 ·대학 소재 지역 기업 창업 보육 주요 역할 ·대학 및 지역 네트워크와 협업	수도권 창업 보육 센터 ·수도권 진출을 위한 창업 보육 주요 역할 ·수도권의 우수한 창업 네트워크 활용	글로벌 창업 보육 센터 ·미국, 중국 등 주요 국가 중심 창업 보육 연결망 구축 주요 역할 ·해외시장으로의 사업 확장

이러한 관점에서 보면 기술지주회사, 창업보육센터, 기업연계센터

(Industrial Liaison Center) 등도 반드시 대학 내에 설치할 필요는 없다. 그 조직들의 보다 효율적인 배치를 위해서는 연구 성과를 수도권이나 글로벌 시장에서 사업화할 방안이 충분히 검토되어야 한다.

리서치 허브는 학교 구성원이 만드는 기업을 비롯해 지역 기업이나 대기업이 대학과 공동연구를 진행하는 공간이다. 중소기업은 대학의 연구 인력과 기자재를 사용할 수 있고, 대기업은 우수한 인재들을 채용할 기회를 가질 수 있으며, 대학은 산업 현장에 필요한 연구를 진행함으로써 사업화에 유리한 연구 주제를 파악할 수 있다.

가치창출대학으로 나아가기 위한 여건은 연구중심대학이 일반 대학에 비해 상대적으로 유리하다. 우수한 연구중심대학은 연구 인프라를 잘 갖추고 있기 때문이다. 교육과 연구를 기반으로 사회·경제적 가치를 창출하고 이를 다시 교육과 연구에 투입하는 가치창출대학의 바람직한 선순환 구조에 비춰볼 때, 현재의 우수한 연구중심대학들에게는 '가치창출'의 성공 모델이 돼야 하는 책무도 있다.

가치창출대학의 구조

가치창출대학의 구성 요소는 구조(Structure), 체계(System), 전략(Strategy), 리더십(Leadership), 문화(Culture) 등이다. 구조는 기술이전 조직, 창업보육센터, 과학단지, 비즈니스 포털 등 기술사업화 조직을 말한다. 체계는 기술사업화 조직이나 행정 부서, 학과 등의 구성과 이들 조직 간의 의사소통 체계를 뜻한다. 전략은 조직의 목표와 그 목표를 달성하기 위한 실행 계획 등이고, 리더십은 이사장이나 총장,

행정 부서 책임자, 학장, 학과장, 그리고 연구조직의 책임자가 해야 할 역할을 가리킨다. 마지막으로 문화는 학교나 학과의 규범, 그리고 개인의 태도와 동기 등을 일컫는다.[9] 이를 간명하게 정리해 보면 〈그림 10〉과 같다.

그림 10. 가치창출대학의 구성 요소

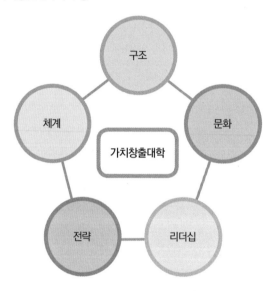

가치창출대학은 기술의 이전과 사업화를 촉진시킬 수 있는 구조(조직들)를 갖추어야 한다. 기술의 이전과 사업화 방식으로는 기술 양도, 기술 실시 허락, 기술지도, 공동연구, 합자 투자, 그리고 인수 합병 등이 있다. 이러한 비즈니스 업무들을 능률적으로 감당할 전문 조직을 우리 대학들은 어느 정도 갖추고 있을까?

다음의 〈표 1〉은 우리나라 대학들이 설립할 수 있는 기술사업화 조직과 관련 법령을 보여주고 있다.

표 1. 우리나라 대학의 기술 이전 및 사업화 조직 유형 [10]

구분		학교기업	기술이전기구 (TLO)	산학연협력기술 지주회사	공공연구기관 첨단기술지주회사	신기술창업 전문회사	연구소기업
소속	학내	○	○				
	외부			○	○	○	○
설립 방식	단독	○	○	○	○	○	○
	공동		○	○	○		○
도입 시기		2003년	2000년	2007년	2010년	2007년	2005년
설립 근거		산업교육진흥 및 산학연 협력 촉진법	기술의 이전 및 사업화 촉진에 관한 법률	산업교육진흥 및 산학연협력 촉진법	기술의 이전 및 사업화 촉진에 관한 법률	벤처기업 육성에 관한 특별조치법	연구개발 특구의 육성에 관한 특별법
주관 부처		교육부	산업통상 자원부	교육부	산업통산 자원부	중소기업청	미래창조 과학부
조직 형태		비영리기업	기술이전기구	지주회사	지주회사	주식회사	주식회사
법인 여부		사업자등록	자체설립	교육부인가	산업부등록	중기청등록	미래부등록

2000년 〈기술의 이전 및 사업화에 관한 법률〉을 제정하여 기술 이전을 장려하기 시작한 정부는 2007년 〈산업교육진흥 및 산학연 협력 촉진법〉(산촉법)을 개정하여 대학이 기술지주회사를 설립할 수 있게 했다. 비영리단체인 대학은 영리 활동을 할 수 없다는 규제를 풀기 위한 방안으로 제시된 것이다. 2011년 정부는 다시 산촉법을 개정하여 대학 기술지주회사의 영리 활동을 일부 인정하는 지원 정책을 시행하고 있다.[11]

2007년 정부는 〈벤처기업 육성에 관한 특별조치법〉을 개정하여 대학이나 연구기관이 보유 기술을 활용하여 신기술창업전문회사를 설립할 수 있는 제도도 마련했다. 이에 따라 대학은 기술의 이전과 사업화를 추진할 수 있게 되었으며, 하나의 대학이 아니라 여러 대학들이 공동으로 기술의 이전과 사업화 조직을 구성하는 방식도 가능해졌다.[12]

정부는 2000년 이후 대학의 연구 성과를 대학 스스로가 사업화할 수 있는 다양한 정책을 개발하고 여러 가지 제도와 법령을 만들었다. 기술 이전 기구(Technology Liaison Office, TLO)는 대학 내 조직이고, 산학연협력기술지주회사, 공공연구기관첨단기술지주회사, 신기술창업전문회사, 연구소기업 등은 대학 외 조직이다.

대학 내 조직은 대학의 조직이나 시설을 이용하면서 기술 이전과 사업화를 추진할 수 있다는 장점이 있는 반면, 비영리기관인 대학의 특성으로 인해 일정한 제약이 따른다는 단점이 있다. 대학 바깥에 기술의 이전과 사업화 조직을 설립할 경우에는 그 제약을 벗어날 수 있다는 장점이 있는 반면, 대학과의 관련성이 멀어질 수 있다는 단점이 있다.[13]

한국 대학들은 2016년 10월 기준으로 47개 기술지주회사를 운영하고 있는 것으로 알려져 있다.[14] 이는 기술지주회사가 한국 대학들이 활용하는 기술 사업화의 주된 방식이라는 점을 보여준다.

가치창출대학의 체계

가치창출대학이 체계를 잘 구성하는 일은 변화의 동력을 갖추는 것과 같다. 새로운 체계를 만들기 위해 먼저 원칙을 결정하는 단계에서는 교수들의 역할을 새롭게 정의하는 것이 중요하다. 교육과 연구에 익숙한 교수들이 창업 지원에서도 중심 역할을 맡을 수 있는 시스템을 창안해야 하기 때문이다.

체계 개편에서는 무엇보다 조직 간의 원활한 의사소통을 중시해야 한다. 교육과 연구를 담당해온 구성원과 창업 및 창직을 담당할 구성원 사이에 바람직한 의사소통 체계를 구축하여 대학의 전통적 역할과 새로운 역할이 조화를 이룰 수 있도록 해야 한다.[15]

기술의 이전과 사업화 조직을 여러 대학들이 공동으로 설립할 경우에는 협업과 의사소통을 위한 체계부터 만들어야 한다. 이를 위해 기업경영 포털 같은 온라인 체계를 갖추고 정기 워크숍 같은 프로그램을 마련할 필요가 있다.

조직과 조직, 구성원과 구성원 사이의 의사소통은 공식 체계에서만 진행되는 것이 아니다. 비공식 모임이나 만남에서도 자연스럽게 진행될 수 있다. 이를 위해 연결망을 확대하면 노하우를 축적할 수 있는 또 하나의 길이 열리게 된다.

대학 외부와의 의사소통도 비중 있게 다뤄야 한다. 외부 조직과의 의사소통은 비공식 모임에 의존하는 빈도가 높지만 돈독한 관계를 이루고 실질적인 가치창출로 이어질 수 있으므로 대학 구성원들의 자유로운 참여를 권장해야 한다.

가치창출대학의 전략

가치창출대학은 대학 차원의 전략부터 수립해야 한다. 가치창출대학으로 전환해 나가는 단기 목표와 장기 목표를 설정하고 그것을 명확하게 체계적으로 정리해야 한다. 특히 대학의 내부 상황과 사회적 환경에 대한 객관적이고 냉철한 분석과 판단은 최적의 전략을 수립하기 위한 전제조건이다.

다음으로는 구체적인 실천 방안들을 결정해야 한다. 기술의 이전과 사업화 조직을 대학 내부의 조직으로 설립할 것인가, 아니면 외부의 조직으로 설립하여 상대적으로 독립성을 갖도록 할 것인가? 직접 운영할 것인가, 아니면 외부에 위탁할 것인가? 산업 현장이 요구하는 첨단 기술의 목록은 무엇인가? 어디에 연구와 투자를 집중할 것인가?

전략적 목표와 실천 방안들이 정리되면 그것을 가장 잘 수행할 수 있는 조직 체계를 결정하고 개편을 추진해야 한다. 구성원들에게 가치창출대학의 성취를 위해 혁신과 변화에 동참하겠다는 동기를 부여할 수 있는 보상 방안도 마련할 필요가 있다.

그리고 가치창출대학의 전략적 목표를 실현해 나가는 과정에 대한 평가 체계를 갖춰야 한다. 평가를 위한 모니터링 활동은 가치창출 활동이 진행되는 중간이나 연말 또는 회계연도를 마치는 시점에 시행할 수 있다. 모니터링 및 평가의 실행 방식은 두 가지다. 가치창출 활동 지수와 같은 정량 평가 체계를 구축할 수도 있고, 사례 모집이나 정기 인터뷰 같은 정성 평가 체계를 구축할 수도 있다.[16]

가치창출대학의 리더십

가치창출대학은 혁신과 변화를 이끌어나갈 새로운 리더십을 요구

한다. 대학 전체를 책임지는 총장에서부터 학장이나 학과장을 비롯해 연구 책임자에 이르기까지 모든 층위의 리더십이 가치창출대학에 걸맞은 리더십을 갖춰야 한다. 이러한 새로운 리더십은 개인보다는 집단을 중심으로 형성되는 것이 바람직하다. 리더십 집단은 기존 리더십을 중심으로 구성할 수도 있고 새로운 인재를 영입하여 구성할 수도 있다.

리더십 집단은 내부에서 높은 연구 성과를 내고 있는 교수 중심으로 형성하는 것이 바람직하다. 탁월한 내부 리더십은 외부 인재 영입만큼 중요한 사안이다.

가치창출대학의 리더십은 구성원의 창의성과 자율성이 발휘되게 하는 능력을 지녀야 하고, 다양한 활동이 조화롭게 진행될 수 있도록 전체 구성원에게 공유가치도 제공할 수 있어야 한다. 그리고 구성원들과 원활한 의사소통을 하면서 전략적 목표의 성취를 향해 함께 나아갈 수 있는 동력을 생성해야 한다.

가치창출대학의 문화

가치창출대학의 문화는 혁신가치를 창출하는 데 초점을 맞추어야 한다. 문화란 행동과 판단의 준거다. 가치창출대학의 혁신가치가 구성원들의 태도나 동기에 스며들어 영향을 미치게 되면 비로소 새로운 문화가 정착된 것이라 할 수 있다.

새로운 문화는 물론 쉽게 형성되는 것이 아니다. 모든 대학이 교육과 연구의 문화에 익숙하기 때문에 사회·경제적 가치창출이라는 새로운 문화를 형성하는 과정에서는 갈등이 발생할 수 있다. 기존 문화와 충돌하지 않으면서 자리잡을 수 있는 최선의 방법은 구성원 개개인이 대학이 마주한 시대정신과 그 의의를 내면화하는 것이다. 이를 위해 교과 과정의 새로운 구성은 필수적인 것이다.

새로운 문화의 형성과 시스템의 상관성도 고려해야 한다. 어떠한 조직 체계가 구성원들의 가치창출대학에 대한 인식과 참여를 높이는 데 가장 효과적이겠는가? 어떠한 보상 체계가 새로운 문화를 장려해 나가는 데 가장 효과적이겠는가? 이에 대한 검토가 진지하게 이뤄져야 한다.

고려할 것은 또 있다. 대학 내의 다양한 조직들에게 새로운 문화를 강요하는 것은 바람직하지 않다는 사실이다. 그들 모두가 가치창출대학의 목표를 추구하면서 다양한 문화를 형성할 수 있도록 배려해야 한다.[17]

3. 왜 가치창출대학인가?

- 연구중심대학에 근거한 가치창출대학으로
- 지식·연구의 발전과 가치창출대학의 탄생
- 선진국의 연구 체계와 가치창출대학
- 한국의 연구 체계와 가치창출대학
- 글로벌 산업구조의 변화와 가치창출대학
- 한국 대학의 역할 변화와 가치창출대학

3. 왜 가치창출대학인가?

연구중심대학에 근거한 가치창출대학으로

산업화 시대에 정부의 '빠른 추격자(Fast Follower)' 전략을 뒷받침하는 인력을 양성해온 우리 대학들은 1980년대에 들어와서도 선진국의 지식을 재가공하여 학생들에게 전수했다. 그러나 1980년대를 거치는 동안 이공계를 중심으로 본격적인 연구에 진입하면서 새로운 지식을 내놓기 시작했다. 1986년 12월 '최고 연구중심대학으로'라는 슬로건을 앞세우고 설립된 '소수정예 이공계 대학' 포스텍은 연구를 상징하는 대학이었다. 그때부터 한국의 다른 이공계 대학들도 지식창출의 길로 나서게 되었다.

2000년대 이후 우리 대학들은 새로운 환경을 맞이했다. 대학이 변해야 한다는 질책과 비판이 쏟아지기도 했다. 지금은 글로벌, 융합, 4차 산업혁명이라는 말이 시대적 변화의 중심을 형성하고 있다. 어떤 혁신이 있어야 하는가? 포스텍은 이 질문에 대한 답으로 연구중심대학으로서의 인재양성과 지식창출을 근본으로 삼아 새로운 사회·경제적 가치창출에 도전해야 한다는 결론에 이르렀다. 교육과 연구의 두 축으로 세계적 강소대학의 반열에 올라섰지만 사회·경제적 가치창출의 새 축을 추가하는 것이 시대적 사명에 부응하고 자강(自强)의 동력을 확보하는 길이라고 확신한다.

〈그림 11〉에서 볼 수 있듯이, 대학은 지식전수와 지식창출의 전통적인 역할을 견지하면서 이제는 축적해놓은 성과와 저력을 기반으로 사회·경제적 가치창출의 새 지평을 열어나가야 한다. 우리나라의 신사업을 개척하고 새로운 일자리를 창출할 원동력을 대학이 직접 제공해야 할 때가 되었다. 그래서 '연구중심대학(Research Oriented University)'에서 '가치창출대학(Value Creation University)'으로 혁신하고 변화해야 하는 것이다.

그림 11. 대학의 역할 변화

대학의 교육이 연구원이나 지원 인력을 양성하는 역할에만 머물러서는 안 된다. 기업가정신과 도전정신으로 기술 벤처의 창업에 뛰어드는 인재들을 양성하기 위해 대학은 교육과 연구 시스템의 과감한 혁신에 나서야 한다.

다음의 〈그림 12〉에서 볼 수 있듯이, 연구중심대학에서 가치창출대학으로 나아가기 위해서는 대학 외부의 다양한 조직과 교류하고 협력해야 한다. 여기서 시너지 효과를 만들 수 있을 뿐 아니라 여러 기관들의 자원을 활용하여 새로운 모멘텀도 창조할 수 있다.

그림 12. 포스텍: 연구중심대학에서 가치창출대학으로

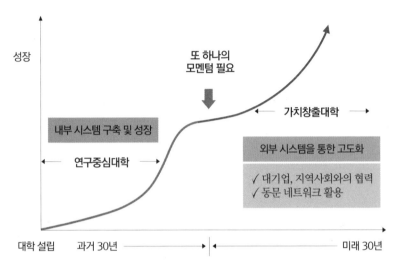

연구중심대학이 교육과 연구의 수월성을 통해 지속적으로 성장해
온 것처럼, 가치창출대학은 교육과 연구를 혁신하고 다른 기관들과
의 협력관계를 구축하여 지속가능한 성장의 기반으로 삼아야 할 것
이다.

지식·연구의 발전과 가치창출대학의 탄생

인류는 까마득한 옛날부터 지식이 중요하다는 것을 알았지만 고대
에는 그 양이 제한되었고 일부 계층만 소유할 수 있었다. 지식의 대
중화는 원거리 무역에서 부를 축적한 도시 중간계층 중심으로 진행

되었다. 르네상스와 종교개혁 이후 학교 교육과 인쇄문명이 발달하여 문맹률이 감소하면서 지식은 급속히 확대되고 이는 과학기술 혁명과 산업혁명을 일으키는 원동력이 되었다.[18] 그리고 근대가 열리면서 개벽(開闢)의 지식들이 속속 창출되었다.

그러한 혁명적 변화 속에서 특히 과학기술의 발전이 인간의 삶의 질을 크게 향상시켰다. 인간의 수명이 연장되고, 식량생산이 급증하고, 세계 인구가 빠르게 증가했다. 또한 노동 생산성이 증대하여 근로 시간이 줄어들고 여가생활의 기회가 늘어났다.

유럽인들이 선도한 근대 지식혁명에 따라 유럽 대학들이 변화했다. 귀족 계층을 위한 교양 교육이나 성직자들을 위한 종교 교육을 넘어 드디어 연구 기능을 담당하게 되었다. 대학의 기능 전환은 근대국가들이 공교육을 주도하면서 궤도에 올랐다.

대학이 지식창출 조직으로서 국가 발전에 이바지한 것은 프랑스에서 비롯되었다. 프랑스는 대혁명 후에 국가 발전을 주도할 국가 엘리트 양성 기관으로 그랑제콜(Grandes Écoles)이라 불리는 고등교육기관을 설립했다. 1794년에 세워진 에콜 폴리테크닉(École Polytechnique)은 프랑스의 과학기술 엘리트 양성에 중요한 역할을 담당했다.[19]

프랑스에 자극을 받은 독일은 연구중심대학 모델을 구상했다. 1806년 프랑스와의 전쟁에서 패배한 이유가 과학기술과 군사기술 때문이었다는 것을 깨닫고 연구개발 능력을 향상시키기 위한 정책을 추진했다. 1810년 최초의 연구중심대학으로 알려진 베를린대학(Universität zu Berlin)을 설립하고, 1825년에는 프랑스의 에콜 폴리테크닉을 모델로 하여 칼스루헤 폴리테크닉 학교(Karlsruhe Polytechnische Schule)를 설립했다.[20]

독일의 연구중심대학은 미국으로도 전해져 존스홉킨스대학이나 시카고대학 같은 연구중심대학의 설립 모델이 되기도 하고, 하버드대학이나 예일대학 같은 전통 아이비리그 대학이 연구중심대학으로 전환하는 데 영향을 주기도 했다.[21]

서양의 과학기술은 대학을 중심으로 급속히 발전했다. 과학이 공공선(公共善)의 증진에 기여해야 한다는 사상이 보편화되면서 서구 선진국의 대학과 공공 연구기관은 국가 경쟁력 향상과 더불어 인류의 복지증진을 위해서도 일하게 되었다. 이러한 배경으로 현대사회는 과학자들을 국가와 인류 공동체의 발전에 기여하는 사람들이라고 인식하게 되었다.

21세기 들어 글로벌 경쟁이 격화한 가운데 지식이 한낱 제로섬 게임의 승자가 되기 위한 수단으로 전락하는 게 아니냐는 우려도 제기되고 있다. 그러나 인류는 지식가치의 확대를 통해 위기를 극복하고 상생의 방법을 찾아왔다. 이것은 지식과 연구의 발전사가 인류에게 남긴 희망이기도 하다. 앞으로도 인류는 연구 개발과 혁신을 통해 지식가치를 확장시킴으로써 상생과 공존의 길을 열어나갈 것이다. 여기에 대학이 동참해야 한다. 인재양성과 지식창출, 그리고 창업과 창직에 앞장서며 더 따뜻한 공동체를 만들어나가야 하는 것이다. 그런 대학이 바로 가치창출대학이다.

선진국의 연구 체계와 가치창출대학

산업 선진국들은 자국의 역사와 사회 상황에 맞는 연구 분업 체계를 발전시켜 왔다. 프랑스는 오랜 전통에 따라 중앙정부가 중심이 되어 연구 체계를 관리해왔고, 독일은 연방제의 영향으로 지방정부가 중심이 되어 연구 체계를 관리해왔다. 미국은 민간이 중심이 되어 연구 체계를 형성했으나 두 차례의 세계대전을 겪으면서 중앙정부가 연구를 지원하는 체계를 갖추게 되었다.

이들 선진국이 보여준 연구 체계의 공통점은, 공공 연구기관과 대학은 기초과학이나 장기 투자가 필요한 연구 개발을 진행하고 기업은 단기 이익에 필요한 연구 개발을 추진하는 '연구 분업'이었다.

그러나 1970년대 경제 위기를 맞아 연구 분업 체계에 새로운 돌파구를 찾기 시작했다. 공공 연구기관과 대학, 그리고 기업이 각자의 연구 영역을 고집하는 분업 체계만으로는 위기 극복을 위한 혁신이 어려웠기 때문이었다. 그래서 소통과 협력을 통해 새로운 가치를 만들어내기 위한 움직임이 대두되었다.

이에 따라 대학의 판단도 달라졌다. 과거에는 대학의 연구 성과가 자연스럽게 기업의 산업기술로 전환될 것이라고 믿었지만, 이제는 영역 간의 협업과 융합을 강조하는 네트워크 모델이 더 필요하다는 것을 깨닫게 되었다. 이에 따라 연구 분업 체계가 변화하였고, 대학은 기초연구 단계에서부터 외부 조직과 협업하는 체계를 갖추어 나갔다.

연구 분업 체계의 변화는 대학의 교육에도 변화를 불러왔다. 새로운 산업 현장에 필요한 지식을 창출할 수 있는 인재, 더 나아가 직접 기술벤처 생태계에 뛰어들어 창업에 도전할 기업가정신을 갖춘 인재를 양성하는 방향으로 교육의 혁신이 이뤄졌다. 새로운 인재는 창의성과 혁신성, 협업 능력과 융합 능력을 두루 갖춰야 했다. 이러한 변화는 미국 연구중심대학들에서 쉽게 확인할 수 있다. 「창직, 대학의 또 다른 역할」이라는 제목으로 2016년 5월에 게재된 한 신문 칼럼을 소개한다.

　　미국에는 모두 3,600여개 대학이 있는데, 이들 중 연구중심으로 분류되는 대학은 100개 남짓으로 전체의 3% 정도다. 그리고 과학기술 분야에서는 이들 3% 대학이 전체 대학 연구비의 80% 이상을 쓰고 있다. 그런데 이런 연구중심대학들은 21세기에 접어들면서 또 하나의 새롭고 중요한 역할을 맡아 진화(進化)하고 있다. 교육과 연구라는 종래의 역할에 덧붙여 새로운 일자리를 창출하는 창직(創職) 등을 통해 좀 더 직접적으로 국가의 경제·사회적 발전을 주도하는 역할이다. 이를 '기업가형 대학(Entrepreneurial University)'이라고 하는데 우리말로는 '가치창출(價値創出) 대학'이라고 부르는 것이 더 적합할 것이다.[22]

　　미국 실리콘밸리는 창업, 창직의 세계적 성공모델이다. 우리는 이를 움직이는 동력에 주목해야 한다. 실리콘밸리 같은 세계 최고의 기술벤처 생태계가 형성된 것은 두 가지를 빼놓고 말할 수 없다. 그 지역의 대학들이 세계 최고 수준의 연구 성과를 낸다는 것, 그리고 그 대학들이 사회·경제적 가치창출에 기여하는 뛰어난 인재들을 공급한다는 것이다. 늦었지만 이제라도 한국 대학들은 실리콘밸리의 두 가지 기반 조건에서 교훈을 얻어야 한다.

한국의 연구 체계와 가치창출대학

〈그림 13〉은 우리나라의 연구 분업 체계를 보여주고 있다. 현재 기업 연구소는 5년 이내 먹거리 확보를 위한 연구를 담당하고, 정부 출연 연구소는 10년 이후 나라 전체의 먹거리 확보를 위한 연구를 담당한다고 볼 수 있다. 대학 연구소는 기초과학 연구나 위험 부담이 큰 연구를 진행하면서 기업 연구소나 정부 출연 연구소에서 일할 수 있는 연구 인재를 배출하는 임무를 수행하고 있다.[23] 이것이 한국의 '연구 분업' 실태이다.

그림 13. 대한민국의 연구 분업 실태

기업연구소	정부출연연구소	대학연구소
5년 이내 먹거리 확보	10년 이후 나라 전체 먹거리 확보	연구인력 양성

이러한 우리나라의 연구 분업 체계에 대해 비판의 목소리가 높아지고 있다. 현재 혁신의 대상으로 떠오른 한국의 연구 체계는 어떻게 형성돼 왔을까? 정부가 주도해온 한국의 과학기술 정책은 산업 발달 과정에 따라 변화해왔다. 경제를 성장시키는 것이 최대 목표였기 때문에 과학기술 정책도 경제 발전을 지원하는 것에 역점을 두었다.[24]

우리나라의 시기별 과학기술 정책의 흐름을 정리해 보면 다음의 〈표 2〉와 같다.

표 2. 한국 시대별 연구 개발 특징[25]

구분	1960~70년대	1980년대	1990년대	2000년대
연구 개발 특성 및 목표	Late Comer	Fast Follower	Fast Follower	First Mover
연구 개발 내용	기술 도입 지원	수출 기술 개발	첨단 기술 개발	선도 기술 개발
연구 개발 주도 기관	출연(연)	출연(연)/기업	출연(연)/기업/대학	출연(연)/기업/대학
GDP 대비 R&D예산 비율	평균 1.7%	평균 2.4%	평균 2.6%	평균 4.7%

1960~1970년대는 연구 개발 체계의 형성기였다고 할 수 있다. 60년대는 정부가 선진 기술 도입을 주도해 한국 실정에 맞게 개량하는 데 주력하면서 연구 개발 체계의 기반을 구축했다. 정부는 1966년 첫 번째 정부 출연 연구소인 한국과학기술연구원(KIST)을, 1971년 한국과학기술원(KAIST)의 전신인 한국과학원(KAIS)을, 그리고 1974년에는 대덕에 과학연구단지를 각각 설립했다. 1960년대 중반부터 정부 출연 연구소들은 한국의 연구 개발을 주도하고, 대학은 인재 양성으로 뒷받침했다.[26]

1980년대에 경제가 빠르게 성장하면서 기술의 종속성을 극복하기 위해 노력했으며, 민간 기업의 연구 개발 투자 규모도 증가했다. 자체 기술을 개발하는 연구가 지속되면서 조금씩 성과가 나타났다. 연구중심대학의 필요성도 대두되었고, 정부 차원에서 대학원 과정에 대한 투자를 늘리기 시작했다.[27]

1990년대는 연구 개발 사업이 대형화되고 다양화되었다. 이러한 연구 개발 사업의 성과와 함께 고부가가치 산업이 발달하면서 한국 산업의 국제 경쟁력이 크게 향상되었다. 이 시기에 한국의 GDP 대비 연구 개발 투자 비율이 2%를 넘어서기 시작하고, 대학에서도 연구 활동이 본격화되면서 한국의 연구 개발 체계에서 대학이 차지하는 비중이 증가했다.[28]

2000년대 한국경제는 외환위기사태(IMF사태)를 벗어나면서 선진국 추격형 체제에서 탈추격형 또는 선도형 체제로 전환하기 위해 차세대 성장 동력 사업을 추진했다. 이를 위해 기초연구 능력을 향상시키고 과학기술 인재를 양성할 수 있는 제도를 마련했다. 1993년 약 1조원 수준이었던 국가 연구 개발 투자 규모는 2011년 약 15조원 규모로 증대했고 현재는 거의 20조원에 이르고 있다. [29]

포스코를 이끌며 한국 산업화의 초석을 놓고 포스텍을 설립한 청암 박태준의 다음과 같은 회고(2011년 10월 27일, 포스코청암재단)는 산업화 시대의 한국 과학기술 정책의 특징을 간명하게 보여주는 것이다.

"산업화에 매진한 우리 세대는 실용적인 과학기술을 우선시할 수밖에 없는 환경에서 뛰어야 했고, 그것이 효율성 측면에서 큰 장점을 발휘했지만, 장기적인 투자와 지원이 요구되는 기초과학을 제대로 육성하지 못하는 결과를 남겼다."

'실용적인 과학기술'을 우선적으로 육성한 것이 한국경제의 급속한 성장에 효율적으로 기여하는 가운데 1996년 한국은 OECD에 가입하고 선진국 대열에 합류할 만한 수준까지 도달하였다. 그리고 한국의 산업 체계가 고도화되어 기업과 정부 출연 연구기관만으로는 대응하기 어려워지자 대학이 연구중심대학으로 전환하면서 새로운 임무를 맡아야 했다.

한국의 연구중심대학은 지금까지 제 몫을 감당해 냈다고 평가할 수 있다. 그러나 상황은 급변했다. 글로벌 경쟁이 서바이벌 게임처럼 치열해지고, 새로운 산업구조가 도래하고 있다. 이 전환의 시대에 한국 대학들은 다시 주체적으로 새로운 사명을 짊어져야 한다. 그 사명을 실현하는 길은 가치창출대학으로 도약하는 것이다.

글로벌 산업구조의 변화와 가치창출대학

20세기 초까지는 유럽이 세계 경제를 이끌었지만, 2차 세계대전 후부터는 미국이 세계 산업구조의 재편을 주도해왔다. 그 변화는 〈그림 14〉와 같이 노동집약 경공업에서 기술집약 중화학공업으로, 다시 지식집약 산업으로 발전해온 것이다.

그림 14. 산업구조의 변화

18세기 말에 있었던 산업혁명 이후의 산업구조 변화는 다음의 〈그림 15〉에서 볼 수 있듯이 4단계로 설명할 수 있다.[30]

그림 15. 산업 혁명의 과정[31]

1차	2차	3차	4차
증기기관 기반의 기계화 혁명	전기에너지 기반의 대량생산 혁명	컴퓨터와 인터넷 기반의 지식정보 혁명	IoT/인공지능 기반의 만물 초지능 혁명

18세기	20세기 초	20세기 후반	21세기
증기기관을 활용한 영국 섬유공업의 거대산업화	공장에 전력이 보급되어 벨트 컨베이어를 사용한 대량 생산보급	인터넷과 스마트 혁명으로 미국 주도의 글로벌 IT 기업 부상	사람, 사물, 공간을 초연결/초지능화한 산업구조 및 사회 시스템 혁신

1차 산업혁명에서는 증기기관이 새로운 동력원으로 사용되면서 방적기를 포함한 생산 체제의 기계화가 진행되었다. 18세기 중반부터 19세기 초반에 영국은 증기기관과 석탄을 기반으로 경제를 성장시켜 세계 제1의 산업 강대국으로 우뚝 서게 되었다.

2차 산업혁명에서는 전기가 동력원으로 사용되었다. 컨베이어 벨트를 이용한 표준화 작업 체제가 만들어져 '포드주의(Fordism)'라 불리는 일괄 생산 체제가 나타났다. 이러한 2차 산업혁명은 19세기 중반부터 20세기 초반까지 서유럽과 미국을 중심으로 진행되었다.

3차 산업혁명은 20세기 후반부터 최근까지 진행된 정보혁명을 말한다. 자동화 생산 시스템이 도입되고, 전자 정보 기술의 발전으로 정보처리 능력이 어마어마하게 증대했다. 컴퓨터와 인터넷 기반의 지식정보 혁명이 이뤄지고, 스마트 기기 혁명으로 글로벌 IT 기업들이 급부상했다.

이제 다가오고 있는 4차 산업혁명은 디지털 산업과 제조업이 융합하여 새로운 경제 시스템을 구축할 것이다. 미래를 주도할 것으로 예상되는 기술은 드론, 무인 자동차, 3D 프린팅, 로봇 공학, 사물 인터넷, 빅데이터, 인공지능, 블록체인, 공유 경제, 유전 공학, 합성 생물학, 바이오 프린팅 등이다.[32]

4차 산업혁명은 현재 진행 중이다. 이는 급격한 변화로 나타날 수도 있고, 점진적인 변화로 나타날 수도 있다.[33] 가까운 미래에는 다양한 기기들에 내장된 센서를 통해 데이터가 수집되고, 이렇게 수집된 데이터는 사물 인터넷(Internet of Things, IoT)을 통해 자동으로 저장되고 전송될 것이다. 이 과정에서 축적된 방대한 양의 빅데이터는 다양한 분석 기술을 통해 재활용될 수 있다. 인공지능의 발달은 무인화와 자동화를 확대하고 촉진할 뿐만 아니라, 금융 체계에도 커다란 변화를 초래할 것이다.

이러한 시대에 대학은 어떤 역할과 사명을 감당할 것인가? 교육과 연구라는 전통적인 대학의 본질을 굳건하게 지켜내면서, 동시에 새로운 시대를 주도할 인재를 양성하기 위해 과감한 혁신을 실천해야 한다.

한국 대학의 역할 변화와 가치창출대학

다음의 〈그림 16〉에서 볼 수 있듯이, 우리나라 학교 교육의 목표는 시대 상황에 따라 변화해왔다. 6·25전쟁 이후 1950년대의 가장 절박한 교육 목표는 문맹 퇴치였다. 정부는 열악한 재정 조건에도 불구하고 초등학교 과정을 의무교육으로 해서 문맹 퇴치에 나서는 한편, 고등교육을 강조하면서 경제개발을 이끌어 나갈 인력을 교육하기 시작

했다.[34]

그림 16. 대한민국 학교 교육 목표의 변화

1960년대에 한국 대학은 학부 중심 대학으로서 고급 인력을 양성했다. 1960년대까지 대학 재학생 수는 10만 명대 수준이었다. 그때 한국 인구가 2,500만 명에서 3,000만 명 사이였던 것을 감안해보면 극히 낮은 수준이었다. 1960년대 대학은 연구 개발보다는 교육에 치중하며 한국경제의 기틀을 세울 인력을 배출했다.[35]

1970년대는 중화학공업 발전 계획을 세웠지만 실제로 기계를 다룰 수 있는 인력이나 지식이 충분히 준비되지 않은 상태였다. 정부는 기계공업고등학교나 전자공업고등학교를 설립하여 기능 인력을 양성하는 정책을 추진했다.[36]

한편으로는 1970년대에 해외에서 학위를 받은 과학자가 국내 대학의 교수로 유입되기 시작했다. 이는 대학의 과학기술 수준을 한 단계 높일 수 있는 계기가 되었다. 정부도 1971년 한국과학원을 설립하여 전문 과학기술 연구 인력을 양성하기 시작했다.[37]

1970년대 대학에서 교육을 받은 과학기술 인재들은 1980년대 한국경제 성장에 크게 기여했다. 이들은 자동차 산업을 비롯한 중화학공업 발전에 중요한 역할을 했다.[38] 이들을 중심으로 반도체나 석유화학 분야도 세계 시장에서 경쟁력을 가질 수 있는 수준으로 발전하

고 조선과 원자력 산업도 발전하기 시작했다.[39]

그 후 한국 대학들은 많은 변화를 겪었다. 1980년대는 정부의 대학 팽창 정책과 더불어 대학 졸업자가 대폭 증가했다. 1980년대 후반 대학원 교육에 대한 투자가 증가하면서 국내에서도 이공계 박사의 배출 규모가 늘어났다.[40] 무엇보다 연구중심대학이 출현하고 한국 대학들이 연구중심대학으로 전환하기 시작했다. 1986년 12월에 출범한 포항공과대학교(포스텍)가 연구중심대학을 목표로 과감한 투자와 연구를 진행한 것이 중요한 계기로 작용했다.[41]

1990년대에는 대학의 교육과 연구의 질적 경쟁력이 한층 더 향상되었다. 선진국에서 공부하고 돌아온 유학생 규모가 늘어나면서 국제 수준의 이공계 교육과 연구가 진행되었다. 기업의 연구 개발 투자가 늘어나고 과학 연구 개발 인프라가 확충되면서 과학기술 인력에 대한 수요도 크게 증가했다. 1990년대 대학은 반도체나 정보 통신 등 첨단 과학기술 분야의 기술 개발에 주력하면서 원천 기술을 확보하기 위해 노력했다.[42]

2000년대에는 연구중심대학에서 배출한 석·박사 인력들이 새로운 IT 기술을 중심으로 창업에 나섰다. 산학협력이 본격적으로 추진되고 맞춤형 인력 양성 정책이 실시되는 한편, 대학의 연구 성과를 사업화하기 위한 기술 이전이나 창업 등이 정부의 과학기술 정책에서 강조되었다.[43]

개괄적으로 정리해본 것과 같이, 한국 대학들은 한국경제의 성장 단계마다 그에 필요한 인력을 양성하고 배출하여 경제와 과학기술의 발전을 뒷받침해왔다. 이러한 사실은 다음의 〈그림 17〉에서도 확인할 수 있다.

그림 17. 한국 각급대학의 재학생 수 변화[44]

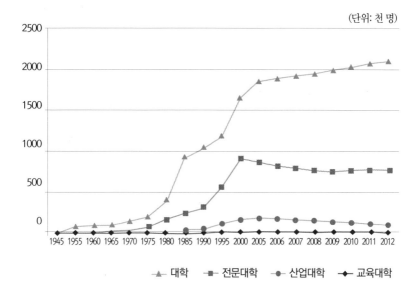

(단위: 천 명)

이제 한국경제는 세계적 산업구조의 변화와 재편에 대응해야 하는 과제와 직면하고 있다. 선진국 추격형에서 탈피해 선도형으로 변화해야 한다. 여기서 한국 대학들의 새로운 역할이 제기되고 있다. 가치창출대학으로 나아가야 하는 것이다.

4. 어떻게 가치창출대학으로 변화할 것인가?

· 가치창출대학을 위한 5대 과제
· 가치창출대학과 교육 체계의 혁신
· 가치창출대학의 선택과 집중
· 가치창출대학과 산학 협력의 고도화
· 가치창출대학과 창업 생태계 구축
· 지역사회에 기여하는 가치창출대학

4. 어떻게 가치창출대학으로 변화할 것인가?

가치창출대학을 위한 5대 과제

가치창출대학을 구현하기 위해 해결해야 하는 다섯 가지 중점 과제는 〈그림 18〉과 같다.

그림 18. 가치창출대학의 목표와 과제

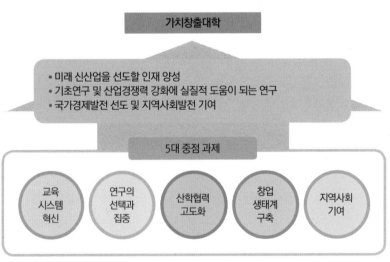

첫째, 새로운 혁신 인재를 양성할 수 있는 교육 체제로 전환해야 한다.

둘째, 다른 대학과는 차별화된 성과를 거둘 수 있는 연구 분야를 선택하고 이를 집중 육성해야 한다.

셋째, 대학과 기업의 협력 관계를 발전시켜 산학협력의 고도화를 이룩해야 한다.

넷째, 연구 성과를 쉽게 확산시킬 수 있는 창업 생태계를 구축해야 한다.

다섯째, 지역사회와 대학이 함께 성장할 수 있는 협력 체계를 구축해야 한다.

이러한 5대 중점 과제를 중심으로 새로운 변화를 완성하는 대학은 지역사회의 발전뿐만 아니라 국가 발전과 인류공영에도 기여할 수 있을 것이다. 이를 위해 대학은 무엇을 할 것인가?

가치창출대학과 교육 체계의 혁신

가치창출대학은 혁신을 주도할 선구자를 양성하는 교육 체계를 갖추어야 한다. 종래의 교육 과정으로는 빌 게이츠나 스티브 잡스 같은 혁신가를 길러내기 힘들다. 현재 한국 젊은이들 사이에는 꿈을 가지고 도전하기보다 현실에 안주하려는 분위기가 팽배해 있다. 교사, 의사, 약사 같은 직업을 선호하거나 공무원 채용시험에 과도하게 매달리는 현상이 그것을 단적으로 증명해준다. 청년실업의 심각성이나 평생직장의 개념이 사라진 현실을 감안할 때 이해할 수 없는 현상은 아니지만, 국가의 장래나 미래사회를 생각할 때 도전정신과 창의성을 길러주지 못하는 현행 교육 체계는 본질적 문제를 지니고 있다고 믿어진다.

혁신을 주도하는 선구자들은 반드시 도전정신과 창의성을 지니고 있다. 종래의 암기위주 교육으로는 그러한 인재를 양성할 수 없다. 새로운 교육 체계를 도입하여 도전정신과 창의성을 길러줘야 한다. 창의성은 자유와 개성을 마음껏 발휘할 수 있는 환경에서 피어날 수 있으며, 그것은 도전정신에도 활력을 불어넣게 된다. 물론 도전정신과 창의성을 아무리 강조하더라도 배려와 관용과 협력이라는 따뜻한 시민의식 교육은 빼놓을 수 없다.

가치창출대학은 학생과 구성원이 도전정신과 창의성을 발휘할 수 있는 문화를 만들어주고, 이를 바탕으로 과거의 패러다임을 깨뜨릴 수 있도록 해야 한다. 그래서 가치창출대학으로 변화하는 데는 교과 과정의 혁신이 필수적이다. 기존의 교과 과정으로는 새로운 시대적 요청에 부응하는 지식을 생산할 수 없다. 당연히 새로운 교과 과정을 도입하여 새로운 교육 철학과 교육 문화를 형성하는 것이 중요하다.

다음의 〈그림 19〉에서 볼 수 있듯이, 기존 커리큘럼과 새로운 프로그램의 조화를 추구하고 혁신성과 창의성을 길러줄 수 있는 방안을 찾아내는 것이 중요하다. 또한 새로운 교과 과정은 최신의 흐름을 반영해야 하며 실제 산업 현장에 적응하기 위한 융합 지식을 교육해야 한다. 특정한 전공 분야에 관한 지식만으로는 미래사회를 주도해 나갈 인재를 양성할 수 없다.

그림 19. 가치창출대학의 교과 과정 변화

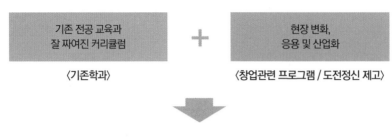

미래사회의 산업 현장에는 융합 지식이 매우 중요하다. 일례를 들어, 인공지능 전문가가 자동차와 관련된 사물 인터넷을 연구할 때는 소프트웨어 지식뿐만 아니라 물리 지식이나 기계공학 지식을 겸비하고 있어야 한다. 사물 인터넷을 통해 쌓이는 데이터의 의미를 이해하기 위해서는 물리 세계를 이해할 수 있는 지식이 필요하기 때문이다.

현재는 전공별로 세분화된 형태로 교육하기 때문에 새롭게 생성되는 분야에서 필요한 도메인 지식(Domain Knowledge)을 습득하는 데는 어려움이 따른다. 가치창출대학에서는 특정 분야의 전문 지식 전수와 더불어 다른 분야의 전문가와 쉽게 의사소통할 수 있는 교육을 강조해야 한다.

새로운 교과 과정 설계에서 또 하나 고려해야 할 사항은 지식의 창출 속도가 빠르다는 점이다. 특히 기업의 지식 변화 속도를 따라가기 힘들다. 그래서 가치창출대학은 끊임없이 생산되는 새로운 지식들을 반영할 수 있는 유연한 교과 과정 체계를 마련해야 하며, 특히 학생들이 그것을 스스로 습득할 수 있는 시스템을 마련해주고 능력도 길러줘야 한다. D-School(스탠포드대학)이나 K-School(카이스트)

은 그러한 흐름을 보여주는 프로그램이라 할 수 있다. 또한, 강의실 강의에서 벗어나 IT 기술을 활용하는 방안도 강구해야 한다. MOOC를 활용하면 다양한 분야의 지식을 융합적으로 유연하게 습득할 수 있다.

〈그림 20〉에서 볼 수 있듯이, 가치창출대학에서는 창업을 활성화할 수 있도록 교육 체계를 개편해야 한다. 창업과 관련된 강의를 개설하고, 전체 교과 과정을 창업 마인드 중심으로 재편해야 한다.

그림 20. 창업 교육을 위한 교과 과정 변화

무엇보다 창업 과정에서 발생하는 다양한 문제들을 스스로 해결할 수 있는 능력을 길러줘야 하는데, 이를 위해서는 외부 전문가들이 참여하는 교육 체계를 갖추는 것이 중요하다. 창업 경험이 있는 동문 중심으로 '동문-재학생 연계 교육 과정'을 마련하는 것도 좋은 방법이며, 대기업이나 지역 기업에서 일하는 전문가들이 창업 현장에서 겪은 다양한 경험들을 학생들과 공유할 때 교육 효과는 더욱 증대될 것이다.

그리고 창업에 도전해보는 활동을 대체 학점으로 인정하는 제도나 창업을 시도해볼 수 있는 휴학 제도의 도입을 고려할 필요가 있다. 이는 학생들에게 창업에 도전할 수 있는 기회를 넓혀주고 창업 동기를 자극하는 데 도움이 될 것이다.

가치창출대학의 선택과 집중

가치창출대학으로 나아가기 위해서는 강점 분야를 집중 육성해야 한다. 특정 대학이 모든 분야에서 다른 대학보다 우위를 점할 수는 없다. 한정된 재원과 인력, 그리고 인프라로써 가장 잘할 수 있는 분야를 선택해 집중 투자하는 전략이 필요하다.

미국에서 탁월한 성과를 보이고 있는 MIT의 창업 분야는 전기, 소프트웨어, 의약품 등 세 분야에 집중돼 있다. 미시건대학도 1980년대 이후 선택과 집중 전략으로 생명공학에 집중 투자해 현재 그 분야를 선도하는 연구를 진행하고 있으며 기술사업화에도 많은 성과를 나타내고 있다.[45]

유럽연합(EU)도 선택과 집중 전략을 택하고 있다. 2012년 유럽연합의 129개 과학단지를 대상으로 실시한 설문조사에서는 정보통신과 생명공학에 경쟁력이 높은 것으로 나타났다.[46]

다음의 〈그림 21〉에서 볼 수 있듯이, 한국 대학들은 특허 출원 현황을 중심으로 살펴볼 때 IT와 BT에 집중하고 있는 것으로 나타났다. 하지만 선택과 집중 전략이 지금까지 일해온 분야를 계속 고집해야 하는 것은 아니다. 현재와 미래의 상황을 부단히 분석하면서 집중 분야를 조정해 나가야 한다.

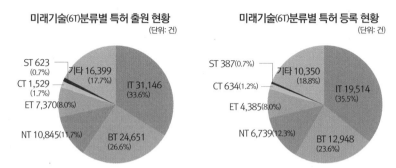

그림 21. 2011~2015년 한국 대학 미래 기술 분류별 특허 현황[47]

미래기술(6T)분류별 특허 출원 현황
(단위: 건)

ST 623 (0.7%)
CT 1,529 (1.7%)
ET 7,370(8.0%)
NT 10,845(11.7%)
기타 16,399 (17.7%)
IT 31,146 (33.6%)
BT 24,651 (26.6%)

미래기술(6T)분류별 특허 등록 현황
(단위: 건)

ST 387(0.7%)
CT 634(1.2%)
ET 4,385(8.0%)
NT 6,739(12.3%)
기타 10,350 (18.8%)
IT 19,514 (35.5%)
BT 12,948 (23.6%)

NT: Nano-Technology, ET: Environment Technology/Energy Technology, BT: Bio-Technology, CT: Culture Technology, ST: Space Technology, IT: Information Technology

기술 기반 창업에 성공하기 위해서는 연구 분야에 대한 선택과 집중뿐만 아니라 재원 투자도 중요하다. 모든 분야를 골고루 지원하는 것보다 성공 가능성이 높은 분야를 선택해야 하고 한 번 결정한 다음에는 과감한 지원이 이어져야 한다. 창업의 세계에는 실패의 경험을 축적하면서 성장하는 경우가 많아 장기적 안목으로 꾸준히 투자하는 정책을 실시해야 한다.

가치창출대학이 어떤 분야를 선택하고 집중할 것인지를 제대로 판단하기 위해서는 경제 환경과 기업들의 첨단 연구에 관한 정보를 수집하고 분석하여 전략으로 수립할 수 있는 조직과 능력을 갖춰야 한다. 이를 위해 전문가를 고용하거나 양성해야 하며, 대학 외부와 지속적인 교류·협력의 관계를 형성해야 한다. 그리고 학교 구성원들에게 사업화에 집중할 수 있는 여건을 마련해주는 것도 필요하다. 혁신 기술을 개발할 수 있는 능력을 가진 연구원이나 학생이 개발에 집중하여 좋은 성과를 내고 사업화 과정을 거쳐 시장 경쟁력을 확보할 때까지 그들의 노력이 거기에 집중될 수 있도록 제도적으로나 문화적으로 배려해야 한다.

가치창출대학에서는 탁월한 성과를 내는 교수들의 연구 집단이 나올 수 있어야 한다. 우수한 연구 집단을 만들어 체계적으로 지원하는 것이 재원과 시간을 절약하는 길이 될 수 있다. 경쟁력을 가진 다수의 연구 집단이 생성되면 이들이 수행하는 연구 성과를 통해 학교의 이미지를 제고할 수 있을 뿐만 아니라, 해당 분야의 우수 연구 인력이 유입되는 효과를 거둘 수 있고 연구 재원을 늘릴 수 있는 가능성도 높아진다.

가치창출대학에서 기초과학과 응용과학의 융합을 통해 새로운 전공이 생겨나는 것은 지극히 긍정적이다. 산업수학 분야의 발전이나 응용물리 분야의 확장이 보여주는 것처럼 자연과학과 공학의 경계는 이미 없어지고 있다. 화학과 생명과학은 기초과학이지만 바이오와 의학 산업을 통해 이미 많은 융합이 일어나고 있다.

기초과학 분야의 연구활동은 가치창출대학을 구성하는 중심축의 하나임을 간과해서는 안 된다. 경제적 가치창출을 통해 대학에서 사용할 수 있는 재원이 늘어나면 그만큼 기초과학에 대한 투자를 증가시키는 선순환 구조를 확립해야 한다. 우리나라가 추격형 경제발전 전략을 활용한 시대에는 선진국의 연구 성과에 의존했기 때문에 기초과학에 대한 투자를 제대로 하지 않았다. 하지만 선도형 경제구조로 전환하는 단계에서는 기초과학에 대한 투자를 과감히 늘려야 한다. 기초과학에 대한 투자 없이는 선도형 경제구조를 이룰 수 없다.

한편, 정부가 주도해온 우리나라의 연구 개발은 정부의 정책에 따라 특정 연구 분야가 강화되는 경향을 뚜렷하게 나타냈다. 대학이 집중적으로 육성할 연구 분야를 선택할 때는 정부의 연구 개발 정책

방향을 주시하고 그에 따른 전략을 세우는 것도 필요하다.

가치창출대학과 산학협력의 고도화

현재 우리나라 대학들의 산학협력 현황은 아래의 〈그림 22〉에서
볼 수 있는 것과 같다.

그림 22. 우리나라 대학(전문대학 포함) 산학 협력 현황(2013~2015)[48]

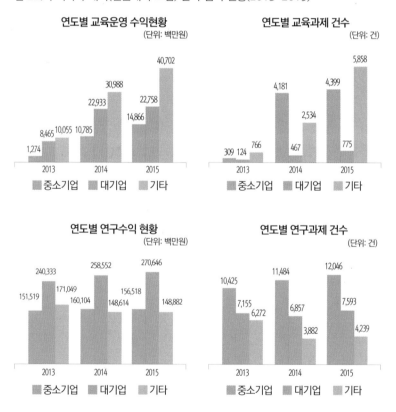

이제부터 연구중심대학이 가치중심대학으로 나아가기 위해서는 반드시 기술사업화에 활력을 불어넣는 산학협력의 고도화를 이루어야 한다. 대학이 기업과 손을 잡고 종래의 공동연구나 세미나 같은 교류를 넘어 새로운 개념의 산학협력 체계를 구축해야 하는 것이다. 특히 융합 효과를 극대화하자면 대학과 기업이 같은 공간에서 상호 작용하며 협력을 진행할 수 있는 제도를 마련하는 것이 중요하다. 이를 위해서는 앞에서 설명한 비즈니스 허브나 리서치 허브가 하나의 방안이 될 수 있다.

　산학협력의 고도화는 새로운 가치를 창출한다. 대학은 기업으로부터 단순히 연구 용역을 받는 수준을 넘어 실제 산업 현장이 요구하는 연구를 진행하여 기술을 개발할 수 있고, 첨단산업 영역에 필요한 인재를 양성할 수 있으며, 기술 벤처를 직접 창업하는 데 큰 도움을 얻을 수 있다. 대학에서 뛰어난 연구 성과를 내더라도 그것을 사업화하기까지는 오랜 시간이 걸린다. 그러나 산학협력이 고도화되면 그 문제는 크게 개선될 수 있다. 대학을 중심으로 설립된 기술 벤처에서 다양한 혁신을 시도하고 이를 기업이 활용하는 구조에서는 창업이 활성화될 수 있는 것이다.

　대학과 기업의 협력에서는 대학의 창업 관련 교육 과정에서 기업의 도움을 받는 것도 중요하다. 학생들이 비즈니스의 실제에 필요한 창업 지식을 습득할 수 있어야 하기 때문에 교육 과정에는 경영자로서 가져야 하는 경영 마인드, 창의적 아이디어의 구현 가능성에 대한 판단력, 그것을 구현하는 방법, 그리고 훌륭한 기업가정신 등을 반드시 포함해야 한다.

가치창출대학과 창업 생태계 구축

창업 생태계에서는 특허 출원과 기술 이전, 창업 지원과 창업 보육 등 기술사업화가 활발하게 일어난다. 가치창출대학은 창업 생태계를 형성해야 한다.

〈그림 23〉에서 볼 수 있듯이, 창업 생태계는 대략 세 단계로 이루어진다. 첫째 단계는 교육과 연구 부문의 변화를 통해 창업 및 기업 육성을 위한 기반을 구축하는 것, 둘째 단계는 창업 보육을 지원할 수 있는 체계를 활성화하는 것, 그리고 셋째 단계는 창업 기업의 사업 확장을 위한 지원 전략을 세우는 것이다.

그림 23. 가치창출대학의 창업생태계 구축 전략

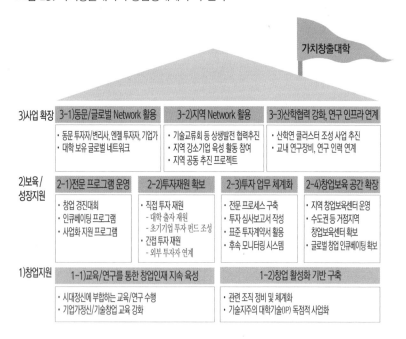

창업 생태계 구축의 첫째 단계에서는, 앞에서 설명한 것과 같이, 대학의 교육과 연구에서 새로운 흐름을 반영할 수 있는 체계를 수립하고 관련 제도와 조직을 정비해야 한다. 그리고 창업 생태계를 형성할 수 있는 교과 과정을 개발해야 한다.

가치창출대학은 교육 혁신을 통해 아이디어를 구현해볼 공간을 마련해주고 이를 실제 창업으로 연결시켜 보는 가상창업프로그램을 제공할 필요가 있다. 여기서는 실제 창업과 기업운영 과정에서 나타날 수 있는 여러 문제점들에 관해 미리 경험해볼 수 있게 해야 한다. 또한 창업과 관련된 법령이나 제도 등에 관해 자문을 구할 수 있는 조직을 구성하고, 기업운영에 관해 자문을 구할 수 있는 멘토 집단을 구성해야 한다.

대학은 기존 구조만으로는 창업 생태계를 형성하기가 어렵다. 기술 이전 부서나 창업보육센터, 비즈니스 포털 같은 창업 생태계 관련 전문 조직과 제도를 마련하고, 이를 제대로 운영할 수 있는 전문 인력을 양성할 계획도 세워야 한다.

창업 생태계 구축의 둘째 단계에서는 실제 창업이 활성화될 수 있도록 창업 보육 활동을 강화해야 한다. 보육 및 성장을 위한 전문 프로그램을 운영해야 하며, 투자 업무를 체계화하고 합리화해야 한다. 특히 투자 재원을 확보할 수 있는 방법을 마련하는 것이 중요하다. 창업 후 성장 과정에서는 국내 시장을 넘어 글로벌 경쟁력을 가질 수 있도록 지원해야 한다.

다음의 〈그림 24〉에서 볼 수 있듯이, 창업 보육 프로그램에서는 예비 창업자 발굴에서부터 창업자들에 대한 연결망 지원과 창업 보육 지원을 비롯해 제품 상용화 지원에 이르기까지 전주기적인 프로그램이 마련되어야 한다.

그림 24. 보육 성장 단계에서의 창업 지원 프로그램

예비 창업자 발굴	네트워킹 지원

• 비즈니스 모델 경진대회
  - 우수 비즈니스 모델 수립 경진대회
  - 교내 기업가정신 고취
• 기술창업 집중 캠프
  - 아이디어 사업화 경진대회
  - 창업캠프를 통한 교육 진행
	• 벤처 창업 세미나
	  - 창업을 주제로한 스터디
	  - 성공청입자 선배 초청상연
	• 벤처기업 연계 인턴십
	  - 동문기업 등 벤처기업 활용
	  - 스타트업 실무체험 기회 제공

제품 상용화 지원	실전 창업 보육

• 시제품 제작 지원
  - 시제품 개발 및 제작비 지원
  - 기술 고도화 자문, 성과 검증
• 비즈니스 모델 설계 지원
  - 사업타당성 평가비 지원
  - 연구자 대면 코칭
	• 인큐베이팅프로그램
	  - 창업공간 및 집중 멘토링
	  - 전문가 및 네트워킹 지원
	• 동문 벤처 공동 프로젝트 추진
	  - 동문기업 제시 과제 수행
	  - 실제 사업추진 및 협업

예비 창업자를 발굴하기 위해서는 가상창업프로그램과 더불어 정기적으로 창업모델(Business Model)경진대회나 기술창업캠프 등을 개최할 필요가 있다. 창업 보육을 위한 전문 프로그램은 세 가지를 담아야 한다. 실제 창업 과정에 도움이 되는 연결망 구축을 지원하고, 창업 초기에 시제품을 제작해볼 수 있는 시설을 제공하고, 창업 모델의 타당성을 검토 받을 수 있는 기회를 줘서 실패의 확률을 줄일 수 있도록 제도적으로 지원하는 것이다. 현실적으로 창업자 대다수가 실제 기술경영 경험이나 지식이 부족하기 때문에 비즈니스 설계나 기업운영과 관련된 지원을 반드시 포함해야 한다.

창업 기업의 보육과 성장 단계에서는 제도 정비와 더불어 투자 재원을 확보하는 것이 핵심적 과제다. 창업의 재원으로는 대학이 마련한 보유 기금을 사용할 수도 있고, 기술지주회사의 수입으로 마련한 재원을 사용할 수도 있다.

기술지주회사는 기술이전 수수료 등을 통해 마련한 재원을 창업 엔젤 투자 재원으로 활용할 수 있어야 한다. 기술지주회사의 수입은 대부분 대학 교육과 연구의 결과이기 때문에 그것이 다시 교육과 연구에 투자되는 선순환 구조를 확립해야 하는 것이다.

대학이나 동문의 직접 투자 외에도 국가에서 운영하는 정책 펀드(모태 펀드)를 적극 활용하는 방안도 마련해야 한다. 엔젤 투자 단계는 실패의 가능성이 높은 고위험 투자여서 벤처 자금(VC)을 유인할 수 있는 제도를 적극 수용할 필요가 있다.

창업 초기 단계를 지난 단계에서의 투자는 금융 시장에서 끌어오는 것이 바람직하다. 기술지주회사가 20~30% 정도의 지분을 가지는 벤처 투자 펀드를 설립하는 방안도 고려해볼 만하다. 동문 벤처 투자 펀드, 대기업 벤처 투자 펀드, 외부 벤처 투자 펀드, 대학 유한 책임투자자(Limited Partner, LP) 펀드 등 다양한 재원 마련 방법을 강구해야 한다. 동문 벤처 투자 펀드 모임과의 정례적인 교류를 통해 이 부분에 관한 전략을 지속적으로 보완해 나갈 필요도 있다.

창업 보육과 성장을 지원하기 위해서는 투자 재원 마련을 비롯해 창업 기업에 대한 투자 업무를 체계화하는 것이 중요하다. 투자 담당자는 성장 가능성이 높은 예비 기업을 발굴해야 하고, 투자의 타당성 및 투명성을 확보하기 위해 예비심의와 본심의로 짜인 투자 심의 과정을 만들어야 한다.

다음의 〈그림 25〉에서 볼 수 있듯이, 예비심의에서는 기술지주회사의 전문가 및 투자 담당자로 구성된 실무 심의위원회가 투자 타당성을 검토한 후 본심의 상정 여부를 결정하고, 본심의에서는 내·외부 전문위원으로 구성된 투자심의위원회가 상정 자료들을 다시 평가하여 투자 계약을 체결할 수 있어야 한다. 또한 투자기업의 가치 제고를 위해서는 사업 전략 수립을 지원하거나 경영 전략을 지원할 수 있는 연계 프로그램을 마련하고 지속적인 모니터링을 통해 기업의 성장을 관리할 수 있는 방안을 마련해야 한다.

그림 25. 투자 업무 체계화

투자의 실패 가능성을 줄이기 위해서는 투자심의위원회를 제대로 구성해야 한다. 동문, 기업, 교수, 벤처 투자 펀드(VC), 변리사 등 다양한 분야의 인력풀을 만들어 상황에 맞는 투자심의위원회를 구성하는 것이 좋은 방안이다. 그리고 자금을 회수할 때 창업 기업의 가치가 남아 있다면 학교에 거래 우선권을 부여하는 규정을 마련할 필요가 있다. 투자를 시작하는 과정뿐만 아니라 투자를 종결하는 과정도

합리적으로 이뤄질 수 있는 체계를 갖춰야 하는 것이다.

창업 생태계 구축의 셋째 단계는 창업 기업들의 사업 확장을 지원할 수 있는 프로그램 마련이다. 우선적으로 동문 기업, 동문 벤처 투자 펀드, 동문 변리사 모임을 중심으로 형성된 연결망을 이용해 사업 확장을 추진해볼 수 있다.

창업 생태계가 더욱 성장하기 위해서는 지역 네트워크를 활용하는 것이 중요하다. 대학과 지역 기업이 정기적인 기술교류회를 만들어 협력 체계를 다지며 서로 정보를 주고받는 과정이 보다 활성화되어야 한다. 더 나아가 대학과 지역 기업이 공동 프로젝트를 추진할 필요가 있다. 이는 상생의 방안이다. 대학은 기술 지원을 통해 지역의 강소 기업 육성에 기여하면서 이를 창업 기업의 확장 전략으로 사용할 수 있고, 지역 기업은 대학의 광범위한 연결망을 활용해 사업 확장과 글로벌 시장으로의 진출을 추진할 수 있다.

가치창출대학은 창업 초기 단계부터 해외 진출 단계까지 고려하는 보육 인프라 계획을 설립하는 것이 바람직하다. 그리고 교수, 학생, 관련 직원들에게 글로벌 시장의 현황과 흐름을 파악할 수 있는 해외 연수 기회를 제공하여 그들이 선진국의 창업 관련 기관과 연결망을 형성하고 교류하면서 스스로 글로벌 스탠다드에 적합한 인재로 성장해나갈 수 있도록 해줘야 한다.

지역사회에 기여하는 가치창출대학

대학은 지역사회와 밀접한 관계를 맺을 수밖에 없다. 더구나 따뜻한 공동체를 지향하는 가치창출대학은 지역 시민의 지지를 받으며 지역사회의 변화에 이바지하고 함께 발전해 나가야 한다. 이것은 가치창출대학으로 성공할 수 있는 요인들의 하나이기도 하다.

실리콘밸리는 연구중심대학이 있는 지역에서 자연스럽게 형성되었다. 벤처기업에 종사하며 혁신기술 개발을 담당하는 인재들이 세계 여러 나라에서 모여들어 국제도시로 발전할 수 있었다. 실리콘밸리는 글로벌 인재의 유입뿐만 아니라 지역에 거주하는 주민들에게 양질의 일자리를 제공함으로써 지역사회의 경제성장을 이끌어 나간다.

실리콘밸리는 고용 기회와 함께 다양한 투자 기회를 제공함으로써 지역사회의 변화를 유도하고 있다. 실리콘밸리의 '크라우드 펀드(Crowd Fund)'도 주목해야 한다. 이는 경제적 가치창출의 가능성이 높은 혁신기술에 투자할 기회를 제공하고 높은 수익을 올릴 수 있게 함으로써 지역사회의 발전에 이바지하고 있다.

대학과 지역사회가 협력하는 방법은 다양하게 제시될 수 있다. 대학은 지역사회와 정기 교류 프로그램을 만들어 협력해 나가고, 지방자치단체는 지역 기업들이 대학의 연구 결과나 기술 벤처들의 혁신기술을 수시로 파악할 수 있도록 하여 대학의 연구 성과를 지역에서 활용할 가능성을 높여야 한다.

대학과 지역사회, 그리고 여러 기업들이 협력하는 구조를 만들기 위해 최근 포스텍이 추진하는 사업들 중의 하나가 '유니버시티(Univer+City)' 사업이다. 이 사업은 대학이 지역사회와 어떻게 협력해야 하는지를 보여주는 사례다. 협력이 성공적으로 진행될 때 지역과 대학이 상생할 새로운 문화가 형성되고 지역은 '지속 가능한 도시(Sustainable City)'로 발전할 수 있다.

지역사회와 대학의 협력은 지역 안에서 이루어지는 것에 머물러서는 안 된다. 세계적인 혁신 도시들과도 교류해야 한다. 지역사회는 새로운 흐름을 받아들이면서 '글로벌 스탠다드'를 가진 도시로 변화할 수 있는 정책을 추진해야 하며, 대학과 지역사회의 협력이 어떤 방식으로 발전해 나가야 하는지를 지속적으로 연구해야 한다.

  다가올 미래에는 산업 분야의 부가가치 창출이 지속되어도 고용 규모는 감소할 것으로 예상된다. 하지만 제조업 일자리가 감소하는 만큼 새로운 일자리도 창출될 것이기 때문에 지역사회와 지방자치단체, 그리고 대학이 서로 손을 잡고 연구소와 기술 기반 기업들을 더 적극적으로 유치할 수 있는 환경과 조직을 제대로 갖추는 것은 밝은 미래를 열어나갈 중요한 준비이다.

5. 가치창출대학의 해외 사례들

- 선진국의 과학기술 정책
- 미국의 과학기술 정책과 대학 연구 성과의 사업화
- 영국의 과학기술 정책과 대학 연구 성과의 사업화
- 독일의 과학기술 정책과 대학 연구 성과의 사업화
- 프랑스의 과학기술 정책과 대학 연구 성과의 사업화
- 일본의 과학기술 정책과 대학 연구 성과의 사업화
- 중국의 과학기술 정책과 대학 연구 성과의 사업화
- 사회·경제적 가치를 창출한 해외 대학 사례들
- 창업 생태계와 과학단지

5. 가치창출대학의 해외 사례들

선진국의 과학기술 정책

우리 대학들이 가치창출대학으로 나아가기 위해서는 미국과 유럽을 비롯해 중국이나 일본에서 일어난 과학기술 정책의 혁신과 대학 연구의 변화 및 그 상관성을 참고할 만하다.

2차 세계대전 이후 미국을 비롯한 서유럽 선진국은 냉전 시대의 군사력 경쟁에서 뒤지지 않기 위해 군사기술과 기초과학 연구를 강화하면서 그 연구 성과들이 자연스럽게 산업 경쟁력이나 사업화로 전환되는 것이라고 인식했다. 하지만 1980년대 냉전체제가 종식되고 본격적인 글로벌 경쟁이 시작되면서 국가 정책의 차원에서 과학기술을 혁신하기 위해 정부와 대학과 기업이 서로 협력해야 한다는 주장이 제기되었다.

이때부터 대학과 기업으로 분리돼 있던 기존의 연구 분업 체계가 흔들리면서 대학이 기초연구 단계에서부터 기업과 협력하여 기술 혁신을 추구하는 방향으로 변화해 나갔다. 이것은 미국이나 유럽 선진국이 지속적인 경제 위기를 극복하고 국가 경쟁력을 높여야 하는 필요성과 맞물리면서 더욱 힘을 얻었다.

미국의 과학기술 정책과 대학 연구 성과의 사업화

미국은 1970년대 경제 위기가 지속되고 기업의 글로벌 경쟁력이 약화되자 대학과 기업 그리고 정부의 상호작용 모델에 기초한 새로운 과학기술 정책을 시행했다. 그러한 과정에서 대학이 정부 지원을 받아 수행한 연구 성과를 정부가 소유하는 것은 오히려 기술 혁신을 지체시킨다고 판단했다.

그래서 미국 정부는 1980년 베이-돌 법(Bayh-Dole Act)을 제정하여 정부 지원금을 받아 수행한 연구라 하더라도 대학이 연구 성과에 관한 지식재산권을 소유할 수 있게 함으로써 기업에 기술을 이전할 수 있도록 했다.[49] 이와 함께 대학이 기술 이전 전담 조직을 설치할 수 있게 해서 기술 이전을 촉진하고 기술료 수입 배분 및 관리 체계를 갖출 수 있도록 했다. 그 이전에는 대학의 연구 성과들이 제대로 활용되지 못하고 사장되는 경우가 많았지만 그 이후에는 대학의 연구 성과들이 활용되는 빈도, 대학의 특허 출원 규모, 기술 이전 건수, 기술 이전 수입 등이 크게 늘어났다.[50]

미국 정부가 새롭게 채택한 과학기술 정책은 공공 자금으로 수행한 대학의 연구 성과들을 기업이 적극 활용하게 만듦으로써 많은 사람들에게 혜택이 돌아갈 수 있게 했다. 새로운 정책이 기술 혁신을 촉진하고 새로운 사회·경제적 가치를 창출한 것이었다. 다음의 〈그림 26〉에서 볼 수 있듯이, 미국 기술 혁신의 대표적 성공 사례로 꼽

히는 애플 제품도 미국 정부의 지원을 받아 수행된 연구 성과들이
기업에 이전되어 새로운 사회·경제적 가치를 만들어낸 경우이다.

그림 26. 공공 재원으로 개발되어 애플 제품에 사용된 기술[51]

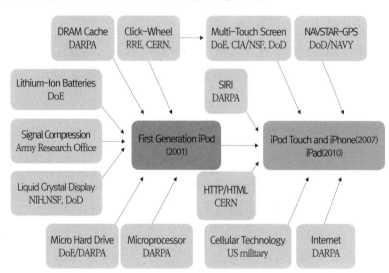

영국의 과학기술 정책과 대학 연구 성과의 사업화

 미국이 과학기술 연구자들의 권리를 강화하고 특허 출원 및 기술
사업화 정책으로 성과를 거두자 이를 가장 먼저 받아들인 나라는 영
국이었다.
 영국에서는 1981년부터 영국 기술 그룹(British Technology Group,
BTG)이 대학의 연구 성과 사업화와 관련된 업무를 관장하면서 대학
의 특허권을 소유했다. 하지만 1985년 관련 법령을 개정하여 각 대

학이 연구 성과에 관한 권리를 소유할 수 있도록 했다. 이를 계기로 영국 대학들은 연구진흥원(Research Council)의 도움을 받아 기술 이전 기관을 설립하고 본격적으로 연구 성과의 사업화에 나섰다.

영국은 대학의 기초연구 수준이 높은 것으로 알려져 있다. 하지만 대학과 기업의 협력 체계가 제대로 갖춰져 있지 않아서 정부가 산학 협력 증진과 대학의 기술 이전 촉진을 위해 영국 대학 기술 이전 협회(The Association of University Research & Industry Links, AURIL), 영국 대학 기업 협회(The Universities Companies Association, UNICO) 같은 조직을 설립했다. 이러한 정책으로 영국 대학들은 기술사업화에서 괄목할 만한 성과를 보이고 있다.

영국 대학들의 기술 이전 기관 중에 가장 잘 알려진 곳은 옥스퍼드 대학이 1988년 설립한 아이시스 이노베이션(Isis Innovation)인데 지금은 유럽을 대표하는 대학 기술 이전 기관으로 성장했다. 그 밖에 캠브리지대학이 설립한 캠브리지 기업(Cambridge Enterprise)이나 임페리얼대학(Imperial College London)이 설립한 임페리얼 이노베이션(Imperial Innovations)도 대학의 기술사업화를 위해 활발히 활동하고 있다.[52]

독일의 과학기술 정책과 대학 연구 성과의 사업화

독일은 지방정부를 중심으로 공공 연구기관과 대학이 운영되는 연구 체계여서 기술 이전도 지방정부를 중심으로 이루어졌다. 프라운호퍼 연구협회(Fraunhofer Gesellschaft) 같은 공공 연구기관은 자체 기술 이전 조직을 운영하고 있다.

민간 영역의 기술 이전 조직으로는 슈타인바이스 재단(Steinbeis Foundation)이 있다. 이 재단에서는 기술 이전 전문가들이 프로젝트 형식으로 기술 이전에 대한 자격 요건을 심사하여 '슈타인바이스 기업(Steinbeis Enterprise)'이라는 브랜드를 사용할 수 있게 한다. 독일을 비롯해 15개 국가에 대략 1,000개 정도의 슈타인바이스 기업이 설립된 것으로 알려져 있다.[53]

독일은 일반적으로 대학이 특허를 소유하지 않고 연구 책임자인 교수가 특허를 관리하는 제도여서 기술 이전이 활발하지 못했다. 하지만 2002년 종업원발명법 개정을 통해 대학이 교수들의 지식 재산 소유권을 관리하게 되었다.

독일은 대학과 공공 연구기관, 그리고 기업들이 참여하는 기술 이전 연합 기구(Technologie Allianz)를 운영하면서 연구 성과의 사업화를 지원하고 있다.[54]

프랑스의 과학기술 정책과 대학 연구 성과의 사업화

프랑스는 공공 연구기관이 연구 개발에서 차지하는 비중이 높아서 기술사업화 정책도 이를 중심으로 이루어졌다. 프랑스 정부는 1980년대 지방 분권화 정책을 추진하면서 연구 시설을 지방으로 분산시켰다. 1982년에는 제도 개혁을 통해 공공 연구기관들이 기업을 설립하고 경영에 참여할 수 있게 했다. 그 이후 대학이 연구 개발에서 차지하는 비중이 높아져 갔다.

프랑스 대학들의 기술 사업화 정책은 1999년 혁신법(Innovation Act)

제정으로 본격화되었다. 그 이전까지는 공공 재원으로 진행한 대학의 연구 성과들에 대한 지식재산권을 국립 과학 연구 센터(National Centre for Scientific Research, CNRS)나 국립 보건 의료 센터(National Institute of Health and Medical Research, INSERM) 같은 공공 기관이 소유했지만, 혁신법 제정에 의해 그 연구 성과들을 대학이 소유할 수 있게 되면서 기술사업화 비율이 높아지게 되었다.

프랑스 정부는 2000년대 중반까지 연구 성과의 사업화 실적이 기대에 미치지 못하자 법령을 보완하여 2006년부터 국립 연구 기관(National Research Agency, ANR)을 통해 산학 협력을 촉진시키기 위한 지원 정책을 실시하기도 했다.[55]

일본의 과학기술 정책과 대학 연구 성과의 사업화

일본 정부는 1990년대 장기 불황이 지속되는 가운데 이를 극복하기 위한 방안의 일환으로 대학과 기업의 협력을 강화하는 정책을 시행했다. 1996년 '제1차 과학기술 기본계획(1996~2000)'을 마련하여 본격적으로 대학의 연구 성과에 대한 벤처 사업화를 추진하면서 이를 뒷받침할 법령도 정비했다.

1998년 대학 기술 이전 촉진법(일명 TLO법)을 제정하여 대학이 기술 이전 기관(TLO)을 설립할 수 있게 했다. 1999년에는 산업 활력 재생 특별 조치법을 시행했다. 이 법은 대학이 특허권을 소유할 수 있도록 했기 때문에 '일본판 베이-돌 법'이라 불리기도 한다. 2000년에는 산업 기술력 강화법을 제정하여 국립대학 교수의 기업 임원 겸직에 관한 규제를 완화하고 국립대학 국유 시설을 무상으로 사용할 수 있게 했으며, 교수의 특허료를 경감해주는 조치도 취해 대학의 기술 이전 조직에 활력이 살아나게 했다.

2001년부터는 제2차 과학기술 기본계획(2001~2005)을 실시하여 산학협력과 기술 이전을 더욱 강화해 나가면서 2004년에는 국립대학을 독립 대학법인으로 전환하여 국립대학 구성원들의 신분을 비공무원으로 바꾸고 연구원들이 산학협력 활동에 보다 적극적으로 나설 수 있도록 만들었다. 그리고 일본 정부는 제3차 과학기술 기본계획(2006~2010)과 제4차 과학기술 기본계획(2011~2015)을 통해 지속적으로 과학기술의 혁신을 추진했다.[56]

중국의 과학기술 정책과 대학 연구 성과의 사업화

중국은 1984년 특허법을 제정하고 대학을 중심으로 지식 재산 생산 능력을 증가시키기 위한 정책을 시행했다. 1990년대 들어서 중국 대학의 연구 개발 수준은 높아졌다. 하지만 여전히 시장 수요와 동떨어져 그것이 사업화되지 못하는 실정이었다.

이에 중국 정부는 1995년 특허법을 정비하여 대학이 연구 성과를 소유할 수 있도록 하면서 산학협력을 장려하는 정책을 추진했다. 그리고 상표법 및 저작권법도 제정하여 외국 기업과의 기술 이전 계약이나 기술 자문 계약을 추진할 수 있는 제도를 마련했다.

〈그림 27〉에서 볼 수 있듯이, 중국의 특허 출원 규모는 2000년 이후 크게 증가하여, 2004년 한국의 특허 출원 건수를 넘어서고, 2005

년 유럽의 특허 출원 건수를 넘어섰다. 2010년에는 일본의 특허 출원 건수를 넘어서고, 2011년에는 미국마저 넘어서면서 현재 세계에서 가장 많은 특허를 출원하는 국가가 되었다.[57]

그림 27. 세계 특허 출원 상위 5개국 특허 출원 추이, 1883~2015[58]

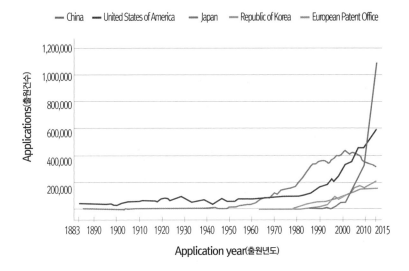

중국 정부는 2001년 세계무역기구(World Trade Organization, WTO)에 가입하면서 지식 재산권법을 개정하여 국제 규범에 맞추었다. 중국도 후발 개발도상국으로서 2000년대 초반까지는 외국 기업의 기술 이전을 통해 경제 발전을 추진하며 선진국의 기술을 따라잡기 위한 추격형 경제발전 전략에 의존했다. 하지만 2008년 〈국가지식재산권 전략강요〉를 발표하면서 추격형 기술을 넘어 탈추격형 기술을 개발하기 위한 정책을 추진하고 있다.

　대학이 연구 성과 또는 지식가치로 사회·경제적 가치를 창출하는 방법에는 여러 가지가 있다. 특허(Patents), 저작권(Copyrights), 상표(Trademarks), 라이선스 계약(Licensing Agreements), 대학 기반 창업(Startups), 창업 보육 센터(Incubators), 엑셀러레이터(Accelerators), 과학기술 연구 단지(Research, Science, and Technology Parks) 등이다.

　대학은 특허 기술의 라이선스 계약을 통해 수익을 얻는다. 그러나 대학 연구자들이 직접 자신의 기술로써 창업도 한다. 이 분야에서 미국 대학들이 선구자 역할을 했다. 2차 세계대전 후 MIT를 중심으로 발전한 'Massachusetts Route 128'이나 스탠포드대학을 중심으로 발전한 실리콘밸리에서 많은 스핀오프 기업들이 설립된 것은 그 대표적 사례이다.

　MIT는 2015년 기준으로 3만 개 이상의 동문기업이 460만 개의 일자리를 창출했으며 연간 1조9,000억 달러(약 2,100조 원) 규모의 매출을 올리는 것으로 알려져 있다. 스탠포드대학은 1930년대부터 2010년대까지 39,900여 개의 동문 기업을 창업했으며 이들이 창출한 일자리는 540만 개, 연평균 총매출 규모는 2조7,000억 달러(약 3,000조 원)로 추산되고 있다.

　영국 대학들도 기술 이전 사무소를 설립하여 지식가치로 사회·경제적 가치를 창출하고 있다. 영국 고등교육기관이 2014~15년 라이선스와 기업 스핀오프 등을 통해 얻은 수입은 1억5,500만 파운드(약 2,200억 원)인 것으로 조사되었다. 그 가운데 라이선스 수입은 1억300만 파운드(약 1,500억 원)였다.[59]

독일 대학들도 활발한 창업 활동을 전개하고 있다. 독일 경제부는 '스핀 오프 창업 지원 프로그램(Existenzgründungen aus der Wirtschaft, EXIST)'을 운영하면서 연구 기반 창업을 지원하고 있다. EXIST는 과학자들의 창업 문화를 형성하고 기술 및 지식 기반 창업을 지원하기 위해 1998년에 시작된 프로그램으로, 독일 127개 대학이 EXIST에 참여하여 4,600건 이상의 창업 성과를 올렸다. 2003년부터 2014년 사이에 창업된 스핀오프 기업들 중에 평균 20% 정도인 1,500개 기업이 연구 성과를 중심으로 창업한 것으로 나타났으며, 연구 기반 스핀오프 기업의 35%는 연매출이 100만 유로(약 12억5,000만 원) 이상인 것으로 조사되었다.[60]

프랑스는 1969년부터 '주니어-기업 국가 연맹(Confédération Nationale des Junior-Entreprises)'이라는 프로그램을 도입해 전국 80개 도시의 그랑제콜과 대학에 창업 교육과 창업 실습 기회를 제공하며 창업을 지원해왔다. 1999년 혁신법 제정 이후에는 2012년까지 세제 혜택과 사회 부담금 면제를 중심으로 하는 창업 지원 정책을 추진하기도 했다. 하지만 대학 중심의 기술 기반 창업이 큰 성과를 보이지 못하자 보다 강력한 창업 지원 정책을 실시하기 위해 2013년에 '대학 창업 교육-혁신 기술 이전 거점 센터(Pôles étudiants pour l'innovation, le transfert et l'entrepreneuriat, PEPITE)'라는 프로그램을 새롭게 도입했다. PEPITE는 창업 지원 프로그램을 기획한 대학이 이를 신청하면 일정한 심사를 거쳐 지원해주는 방식이다. 2016년 현재 프랑스 전역에 29개 PEPITE 프로그램이 운영되고 있다.[61]

중국은 1980년대부터 교판 기업(校辦 企業: 중국에서 대학이 운영하는 기업을 가리키는 말) 지원 정책을 추진했다. 대학이 직접 생산하고 유통에 관여하는 교판 농장이나 교판 공장을 중심으로 운영되다가 첨단기술 중심의 교판 기업을 육성하는 방향으로 나아갔다. 북경대학이 1980 년대에 설립한 북대방정(北大方正)이나 청화대학이 1990년대에 설립한 청화자광(清華紫光)은 교판 기업의 대표적 성공 사례라고 할 수 있다. 중국의 대학 기업은 중국 정부의 육성 정책과 보호 정책을 배경으로 급성장을 이룩했다.[62]

1990년대 중국에서 대학 기업의 수는 감소했으나 오히려 수입 규모는 크게 증가한 것으로 나타났다. 이는 단순한 생산과 유통 중심의 대학 기업을 줄이고 과학기술 중심의 대학 기업을 육성하고 있다는 증거이다. 중국 정부는 WTO 가입 이후 대학 기업의 경쟁력을 높이기 위해 소유 구조 개혁을 추진하여 투자 위험성을 감소시킬 수 있는 방안으로 지주회사 형태를 발전시켰다. 2003년 북경대학과 청화대학이 지주회사를 설립할 수 있도록 허가했으며, 2005년 두 대학의 경험을 바탕으로 다른 대학에서도 지주회사를 운영할 수 있게 했다

북경대학의 지주회사 중 하나인 북대방정집단은 직원 규모가 35,000명이 넘고 자회사가 30여 개에 이르고 있다. 2013년 기준으로 북경대학의 총매출액은 769억 위안(약 12조5,000억 원)이었고, 4억4,300만 위안(약 718억 원)을 배당했다. 청화대학은 2013년 기준으로 461억 위안(약 7조5,000억 원)의 매출을 올렸고, 8억4000만 위안(약 1,360억 원)을 배당했다. 이러한 소유 구조 개혁으로 교판 기업 (University-Run Enterprises) 모델은 교유 기업(校有 企業, University-Own Enterprises) 모델로 전환되었다.[63]

창업 생태계와 과학단지

미국 대학들이 새로운 사회·경제적 가치를 창출할 수 있었던 것은 무엇보다 창업 생태계를 형성했기 때문이다. 스탠포드대학은 1951년 최초의 과학연구단지인 스탠포드 연구단지(Stanford Research Park)를 세워 벤처기업들의 창업 기반을 구축하였다. 이후 다른 대학에서도 과학단지를 만들어 현재 북미 지역의 대학 과학단지는 170여 개에 이르고 있다.

〈그림 28〉에서 볼 수 있듯이, 미국이 좋은 성과를 거두면서 세계 도처에 과학단지가 설립되었다. 영국은 1980년대부터 과학단지 모델을 받아들여 2000년대까지 70개 과학단지를 조성했다.

그림 28. 세계 주요 과학 연구 단지[64]

중국도 미국의 스탠포드 과학단지나 영국의 캠브리지 과학단지에서 자극을 받아 여러 지역에 과학단지를 설립했다. 가장 잘 알려진 곳이 청화대학 과학단지이다. 2001년 국가 지정 대학 주도형 과학단지로 선정되어 정부 차원에서 육성한 그것은 북경 중관촌에 위치해 있다. 중관촌은 1988년 중국 정부가 국가 횃불 계획에 따라 설립한 50여 개 첨단기술 개발구의 하나이다.

프랑스는 소피아 앙티폴리스(Sophia Antipolis) 같은 테크노폴을 설립하여 지방 분권형 창업 생태계를 조성해왔다. 일본도 1960년대부터 과학기술 발전과 수도 인구 분산을 위해 스쿠바 과학도시(Tsukuba Science City) 개발 계획을 세우고 20년 동안 추진하여 1980년대 말에 완성시켰다.[65]

6. 대한민국과 가치창출대학

· 가치창출대학의 길을 떠나다
· 가치창출대학을 위한 혁신
· 대한민국과 가치창출대학

6. 대한민국과 가치창출대학

가치창출대학의 길을 떠나다

일반적으로 학교의 변화는 느린 것으로 알려져 있으며 이는 우리 나라 대학들도 마찬가지다. 오죽하면 대학 혁신을 논의하는 자리에 서, "자동차 속도에 견주어 기업의 변화를 100마일을 기준으로 했을 때 가정은 60마일, 정부 조직은 25마일, 학교는 10마일"[66]이라는 앨 빈 토플러의 말을 격언처럼 인용하겠는가.

1986년 12월 개교하여 이듬해 3월 첫 입학식을 거행한 포스텍은 처음 시동을 걸었을 때부터 앨빈 토플러의 '10마일'을 아예 무시하 고 있었다. 한국 최초로 '세계적 연구중심대학', '소수정예의 최고 연 구중심대학'이란 비전을 천명하고, 그것을 실현할 수 있는 교육과 연 구의 인프라를 갖춘 '새로운 도전의 대학'으로 출범했던 것이다.

지난 30여 년 동안 부단한 노력으로 최고 연구중심대학의 꿈을 추 구해온 포스텍은 '개교 30주년'의 전환점에 이르러 '최고 가치창출 대학'으로 나아가겠다는 새로운 비전을 천명했다. 한 세대를 바쳐 쌓 아온 역량과 저력을 바탕으로 다시 한국 대학 최초의 모험에 도전하겠다는 선언이다. 아직도 갈 길은 멀지만 포스텍은 교육과 연구의 기반을 어느 정도 닦아놓았다. 제13대 총동창회장 현석진은 이렇게 정리한다.

포스텍은 지난 30년 동안 총 6조 원에 이르는 투자를 통해, 2조 원이 넘는(단일 대학 기준으로 미국 스탠포드대에 이어 세계 최고 수준의) 연구 인프라와 400명에 달하는 교원, 1만8,000명에 달하는 동문 네트워크를 보유하게 되었습니다.[67]

특히, 연구 인프라는 가치창출대학으로 나아가는 데 있어 가장 큰 강점이고 장점이다. 포스텍은 대한민국 연구중심대학의 선구적 성공 모델이 된 것처럼, 앞으로 대한민국 가치창출대학의 선구적 성공모델이 되고자 한다.

포스텍은 가치창출대학의 길을 천명하기에 앞서 순차적이거나 동시적으로 세 단계를 거쳤다. 내부 소통과 의사 결집, 비전 설정과 일정 제시, 혁신 실행과 실무 관리 등이다. 혁신에는 공감대가 가장 중요하다. 공감대가 제대로 형성되지 않은 혁신은 독단이나 실패의 길로 빠지기 쉬우며, 공감대는 실행의 동력이기도 하다.

지금, 포스텍은 가치창출대학의 길로 나서고 있다. 모든 준비가 완전하지는 않지만 출발을 지연시키지 않기로 했다. 마치 먼 길을 달리는 자동차가 도중에 주유를 하고 정비를 하는 것처럼 그렇게 보완해 나가기로 했다.

가치창출대학을 위한 혁신

역사는 특정한 세대에게 특정한 사명을 부여한다. 한국의 경우에 산업화와 민주화를 짊어져야 했던 세대가 그 전형이다. 그들은 주어진 사명을 성공적으로 완수한 세대로 평가되고 있다. 가까운 미래에 본격적으로 전개될 지식산업 시대를 이끌어나가야 하는 주역은 누구인가? 현재의 대학생들이다. 그들이 성공적으로 감당해야 할 특정한 사명의 하나는 새로운 사회와 시대의 기반을 만들어야 하는 일이며 이러한 운명을 회피할 수 없다.

문제는 교육이다. 오늘날 우리나라 대학생들은 '대학 입시를 위한 지옥의 계곡을 헤쳐 나온 전사'로 묘사되는 실정이다. 과연 그들이 창의와 융합으로 무장한 인재를 요구하는 새로운 세계의 주역이 될 수 있겠는가?

융합의 인재, 창의의 인재—이 시대적 요청에 어떻게 부응할 것인가? 객관식 선다형 시험을 위한 학습에 몰두해온 학생들 중에 어떻게 좀 더 창의적인 인재를 선발하고 그들을 위한 융합교육과 창의교육을 어떻게 제대로 제공할 것인가? 이 질문에 대한 포스텍의 추진 방안은 크게 세 가지다. 학생부종합전형과 면접만으로 100% 신입생을 선발하는 포스텍의 기존 입시제도를 지속하는 것, 더 나아가 신입생을 단일계열 무(無)학과로 모집하는 것, 그리고 학과 간 장벽을 허무는 것이다.

포스텍은 2018학년부터 신입생을 무학과 단일계열로 선발한다. 11개 학과에서 정원을 나누어 선발하던 종래의 틀을 과감히 깨뜨리고 신입생 300명을 모두 단일계열로 선발한다. 학과 없이 입학한 신입생들은 다양한 과목을 들으며 전공과 진로를 탐색한 뒤 상급학년에 진학하면서 자신의 진로와 적성에 맞는 학과를 선택하게 된다. 학과의 정원이 사라지고 학생들은 원하는 전공을 선택하는 데 제한을 받지 않게 된다.

인생에는 터닝포인트가 아주 중요하다. 그것이 사람을 바꿔놓는가 하면 일생의 모멘텀이 되기도 한다. 포스텍은 학생들에게 그 터닝포인트의 기회를 제공하기 위해 노력하고 있으며, 그 일환으로 '하계 사회경험 프로그램(Summer Experience in Society, SES)'을 도입하였다.

여름방학 기간을 3개월로 늘리는 학사일정 개편을 통해 2016년 여름부터 SES를 시행하고 있다. 학생들은 삼성, LG전자, SK하이닉스, SAP, 오라클 등 국내외 글로벌 기업과 막스플랑크연구소, 한국과학기술연구원(KIST), 한국표준과학연구원(KRISS) 등 국내외 연구소와 제넥신, 엑셈 등 벤처기업을 포함한 200여 기관에 파견돼 다양한 경험을 하게 된다. 방학기간 동안 체득한 새로운 견문과 경험이 새로운 인식과 꿈으로 되살아나면 이것은 학생들의 인생에 중요한 모멘텀이 될 수도 있다.

세계적 가치창출대학으로 나아가기 위해서는 한 차원 높은 산학협력이 실현돼야 한다는 것을 선진국 대학들의 성공사례를 통해 확인할 수 있었다. 우리나라 대학들은 기업의 지식과 경험을 대학에 유기적으로 접목시켜 신기술 개발이나 사업화에서 실질적인 시너지 효과를 낼 수 있어야 한다. 포스텍이 최근 시도하고 있는 산학일체 교수제 도입은 그 주요 방안 중의 하나다.

포스텍은 2015년 이후 신규로 채용할 150명의 교원 중 50명을 기업과 연계한 '산학일체 교수'로 선발할 계획이다. 산학일체 교수는 기업에서 필요로 하는 연구 인력을 대학이 교원으로 채용하고, 기업과 대학이 교수의 인건비를 공동 부담하는 형태로 운영되는 제도다. 이미 LG디스플레이와 협의를 통해 산학일체 교수를 선발했고, 현재 다양한 기업으로 이를 확대하고 있다. 논문실적이 중심이 되는 과거의 방식이 아니기에 박사학위가 없는 사람도 채용할 수 있다. 채용에서는 제품 개발이나 사업화 등 기업에서 기여한 실석, 특허, 산업체 연구 실적 등을 우선적으로 고려한다. 대학은 기업을 잘 아는 교수가 필요하고, 기업은 미래 기술을 연구할 인재가 필요하다. 산학일체 교수제는 대학과 기업의 원-윈 전략이다.

가치창출대학으로 나아가려면 교과 과정 혁신이 벤처창업 활성화로 이어질 수 있어야 한다. 이것은 '사회·경제적가치창출'의 인재 양성과 직결되는 과제이다. 포스텍은 '기업가정신과 도전정신 함양 프로그램'을 제공할 예정이다. 이 프로그램은 2018학년부터 학부 공학 계열 필수교과로 지정되는데, 특히 학생들의 인식 전환에 역점을 둔다. 학부 교육을 마치면 마치 당연한 단계를 밟는 것처럼 대학원에 진학하거나 뚜렷한 목표 없이 대기업에 취업하려는 학생들에게 창업의 세계를 안내하고 그 식견을 넓히게 해주며 도전정신을 길러줄 것이다.

대학원에도 향후 연구 성과를 사업화하는 과정에 필요한 마케팅 방법 등 공통과목을 도입하고 기업과의 교류를 활성화할 계획이다. 산학일체 교수들은 기업가정신을 제대로 교육할 수 있을 것으로 기대한다. 기업가정신은 그 자체로 융합학문의 성격을 지닌다. 훌륭한 기업가의 내면세계를 고스란히 담은 것이다. 경영학, 철학, 사회학, 인문학, 과학기술, 리더십 등 거의 모든 분야를 융합한 교과가 '기업가정신'이다.

2000년부터 시행해온 '학부생 연구프로그램'으로는 자기주도적인 연구자의 자세를 함양할 뿐만 아니라, 논문 발표를 통해 유수 대학원 진학과 연결될 수 있고, 새로운 기술(지식)로 벤처 창업에 도전할 수도 있다. 이 제도의 자랑거리는 학부생의 자발성이다. 스스로가 연구 아이디어를 제안해야 한다. 즉, 창의성을 발휘해야 한다는 것이다. 학부생이 문제제기부터 해결방안 탐색, 전공지식 습득과 활용, 다른 연구팀과의 협업, 보고서 작성, 프레젠테이션 등 연구 활동에 수반되는 모든 과정을 진행하게 된다. 다양한 시행착오를 경험할 수밖에 없다. 그것이 성장의 자산이다. 성장의 기회와 여건도 제공해준다. 연구에 대한 막연함이나 두려움을 극복하게 되고, 학문에 대한 열정과 창의성을 겸비한 학습자와 연구자로 변모하게 된다. 매년 40~60건의 연구과제가 지원되고 있으며 탁월한 성과도 거둬오고 있다.

2016년 하반기에 포스텍은 한국의 온라인 공개 강좌인 K-MOOC에 참여하고 곧이어 코세라(Coursera)에도 강좌를 개설하기로 했다. 코세라는 스탠퍼드대학에서 시작해 현재 세계 29개 대학이 강의를 공유하고 있는 온라인 공개 강좌 사이트다. 혁신적 플랫폼인 MOOC는 교수들의 강의 질을 끌어올려서 대학의 교육 경쟁력을 강화하는 계기가 될 수 있다. 학생들에게도 융합지식을 습득할 수 있는 새로운 기회다. 자기주도적으로 세계적 석학들의 다양한 강의를 학습할 수 있는 것이다. 선진국 대학들과 비교할 때 '사회·경제적 가치창출'에서 크게 뒤처졌던 한국 대학들이 세계의 새로운 흐름에 걸맞은 교육 경쟁력을 갖추기 위해 비교적 빠른 속도로 MOOC에 동참한 것은 '변화에 늦었지만 더 이상 지체해서는 안 된다'는 각성의 결과로 읽

한다. 포스텍은 국내 최초로 MOOC를 수강했을 때 이를 정규 학점으로 인정하고 있다.

물론, 세계적 가치창출대학으로 나아가는 준비에는 연구 체계와 연구 활동의 혁신도 반드시 이뤄야 하는 일이다. 포스텍은 어떻게 '연구'를 혁신해 나갈 것인가? 이에 대해서는 앞에서 비교적 자세히 설명한 '새로운 신학협력 모델'을 추진해 나갈 '4대 과제와 12대 핵심 과제' 및 '어떻게 가치창출대학으로 변화할 것인가?'에서 다루어진 혁신 방안을 참고하면 좋을 것 같다.

대한민국과 가치창출대학

대학은 사회와 맞닿아 있다. 대학이 양성하는 인재는 사회의 변화와 발전에 결정적 역할을 수행한다. 우리 대학들은 창의와 융합을 구현할 수 있는 방향으로 대학 교육의 혁신을 추진해야 한다. 창의와 융합의 인재를 양성하는 과제에 우리 사회의 미래가 달려 있기 때문이다.

새로운 기술은 인류 문명이 진보해 나가는 원동력이다. 자동차, 항공기, TV, 컴퓨터, 인터넷 등은 새로운 기술이 만들어낸 문명의 도구이며 지금 우리의 손 안에 있는 스마트폰 하나만 보아도 그것이 인간의 생활을 얼마나 변화시켰는가를 알 수 있다.

새로운 기술을 가르치고 배우고 연구하고 개발하는 곳이 이공계 대학이다. 때로는 새로운 기술이 국가와 사회의 운명을 결정하기도 한다. 그래서 이공계 대학은 새로운 시대를 열어주는 열쇠꾸러미와 다르지 않다. 그러나 기초과학과 인문학이 피어나지 못하는 사회는 필경 불행한 사회로 떨어질 수밖에 없다. 여기서 융합학문의 중요성과 필요성이 강하게 제기되고 있다. 자연과학과 공학과 인문학과 예술, 그 경계를 허무는 융합의 시대를 열어야 하고, 거기서 창의성이 활짝 꽃피는 시대를 대학이 선도해 나가야 한다. 이것이 현재 우리 대학들이 직면한 시대적 상황이다. 대학 교육의 혁신과 변화가 이성적 선택의 문제가 아니라 운명적 필수라고 압박하는 대학 외부의 주요 요인들은 무엇일까? 대체로 다섯 가지 요인으로 간추려볼 수 있다.

1) 더욱 가속되고 있는 기술 자체의 발전: 기술혁신의 주체는 100년 전엔 전기와 자동차 그리고 50년 전엔 컴퓨터였다. 바로 5년 전에 도입된 스마트폰에 의해 우리의 삶은 얼마나 바뀌었나? 우리는 과학기술 그 자체의 이렇게 빠른 혁신을 교육에 어떻게 반영하고 있나?

2) 120세까지 살아갈 오늘의 대학생들: 현재의 교육은 대학 졸업 후 40여 년간의 사회생활을 상정한 것이다. 그러나 오늘의 학생은 120세까지 살 것이며 그들의 사회활동은 대학 졸업 후 70여 년이 넘을 것이다. 아울러 현재의 많은 대학생들은 10년 후 지금은 세상에 없는 전혀 새로운 직업을 갖게 될 것이다. 미래에 중요한 것은 학생 개개인의 총체적 역량인데, 우리의 교육은 이를 위해 무엇을 하고 있나?

3) 새롭게 전개될 대한민국 주변정세: 남북통일은 언제 어떤 형태로 우리에게 다가올까? 그리고 중국은 1990년까지도 세계 총 GDP의 5% 미만에 머물렀지만, 2005년엔 10%가 되었고 2015년

엔 17%에 이르렀다. 우리의 대학교육은 통일과 중국이란 주변의 거대 변화에 어떻게 대비하고 있나?

4) 확산되고 있는 교육방법의 혁신: Coursera 등에는 세계 유명 대학에서 제공하는 5,000개 이상의 강의가 올라와 있다. MIT와 Georgia Tech. 대학 등은 이러한 MOOC를 이용해 정규 학위를 수여하는 발 빠른 움직임을 보이고 있다. 우리는 이를 찻잔 속의 태풍으로만 여겨도 될 것인가?

5) 융합학문의 시대: 현재 운영하고 있는 반세기 전과 동일한 교육 체제, 즉 물리, 화학, 기계공학, 경제학, 철학 등에 대해 심각한 고려가 필요하다. 융합학문의 시대를 우리는 어떻게 준비하고 있나? [68]

우리 대학들은 위의 다섯 가지 질문에 대해 명확하게 대답할 수 있는 혁신을 이뤄야 한다. 그러나 그것만으로는 불충분하다. 특히, 한국 연구중심대학들이 한 차원 더 높은 진화에 앞장서서 우리의 미래 설계에 요구되는 성과들을 내놓아야 한다. 이것은 무엇인가?

연구중심대학들은 21세기에 들면서 또 하나의 새로운 역할을 맡게 됐다. 쌓여진 지식을 전달하는 교육, 새로운 지식을 창출(創出)하는 연구에 덧붙여 새로운 고용을 만드는 창직(創職) 등을 통해 좀 더 직접적으로 국가경제발전을 주도하는 것이다. …… 우리의 당면과제인 젊은이들의 일자리 문제를 해결하는 유일한 길도 대학들이 벤처기업을 활발하게 만들어내는 것뿐이다. 실제 통계에 의하면, 미국이나 영국의 경우에도 2010년 이후 신규 일자리의 60%는 벤처에서 만들어졌다.

가치창출대학은 회사 창업이나 경영 방식을 교육하거나 혹은 기업의 가치와 관행을 대학이 받아들인다고 이룰 수 있는 것은 아니다. 이를 위해서는 경쟁력 있는 연구 성과에 그치지 않고 이를 사업화까지 추진하는 도전정신, 즉 기업가정신이 가득한 대학문화 정착이 가장 우선돼야 할 것이다. 그리고 가치창출대학을 이루기 위한 학내 리더십도 중요하지만 이를 뒷받침하는 사회의 관심과 응원도 필요하다.[69]

가치창출대학으로 나아가는 국내 대학들을 향한 우리 '사회의 관심과 응원'은 광범위한 사회적 공감대로 형성돼야 하고 그 전제조건은 무엇보다 세계적인 변화의 흐름에 대한 올바른 인식이다. 다음과 같은 목소리에는 우리 모두가 진지하게 귀를 기울여야 할 것이다.

많은 초일류 대학들이 우수한 연구논문이나 산업계에서의 영향력 못지않게, 직접 창출해낸 비즈니스 생태계의 규모와 가치에 의해서도 평가받는 시대가 되었습니다. 이에 따라 이전의 '(활용 기반이 되는) 인프라' 개념보다 좀 더 확장된, '(함께 협업하고 융합되어야 할) 생태계'라는 개념에 기반을 둔 사고가 필수적인 것이 되었습니다. 교육과 연구라는 대학의 기본 역량 외에도 직접 생산, 비즈니스 네트워킹, 각종 법률 및 재무 지원 시스템은 물론, '공간적 확장'과 '문화 믹스'적인 요소까지 모두 포함되는 것입니다.

이러한 생태계 구축 작업은 학교 구성원들만의 힘으로 감당할 수는 없으며, 따라서 지역민의 성원, 지자체의 참여, 중앙정부와의 공조, 산업 네트워크의 활용 등이 모두 필요하게 됩니다. 총동창회도 특히 동문 네트워크와의 연계, 해당 과제의 전파 등을 위해 함께 노력해야 합니다.[70]

포스텍은 '가치창출대학'을 지향할 것이다. 교육과 연구라는 대학의 본연에 충실하는 가운데 그 전통의 두 축을 보강해줄 제3의 축으로서 '사회·경제적 가치창출'을 추가하겠다는 것을 강조하는 결정이었다.

해외 유수 대학들의 성공사례를 통해 우리는 그들의 공통점도 파악했다. 정부의 역할, 대학의 역할, 기업의 역할, 그리고 지역의 역할이 유기적으로 뭉쳐져서 성공할 수 있었다는 사실이다. 그들의 성과는 가장 빈곤한 국가에서 후발 개발도상국을 거치며 불과 50년 만에 선진국의 문턱까지 도달한 대한민국이 지금 여기서 무엇을 해야 하는가를 가리키는 이정표다.

포스텍이 가고자 하는 '가치창출대학'은 결코 녹녹한 길이 아니다. 그러나 지향하는 목표는 명확하다. 우리나라의 다른 대학들도 뜻과 마음을 모아 여기에 동참하길 기원한다. 대한민국을 명실상부한 선진국으로 이끌어갈 가장 중요한 힘은 대학에서 마련된다.

미주

1 Johnson, Larry, Samantha Adams Becker, Michele Cummins, Victoria Estrada, Alex Freeman, and Courtney Hall, *NMC Horizon Report: 2016 Higher Education Edition* (Austin, Texas: The New Media Consortium, 2016); 전상민, "포스텍 교육 4.0" (베리타스 알파, 2016. 9. 27); 전상민, "미래대학이 가야 할 길" (베리타스 알파, 2017. 3. 29).

2 Johnson, Larry, Samantha Adams Becker, Michele Cummins, Victoria Estrada, Alex Freeman, and Courtney Hall, *NMC Horizon Report: 2016 Higher Education Edition* (Austin, Texas: The New Media Consortium, 2016), 8쪽.

3 research. 2017. In Merriam-Webster.com. Retrieved April 21, 2017, from https://www.merriam-webster.com/dictionary/research.

4 염한웅, "대학은 어떻게 가치를 창조하는가" (한국경제, 2017. 4. 11).

5 찰스 테일러, 『자아의 원천들: 현대적 정체성의 형성』, 권기돈·하주영 옮김 (서울: 새물결, 2015).

6 Porter, Michael, and Mark Kramer, "The Big Idea: Creating Shared Value," *Harvard Business Review*, January (2011); Foss, Lene, and David Gibson(엮음), *The Entrepreneurial University: context and institutional change* (New York: Routledge, 2015).

7 찰스 테일러, 『자아의 원천들: 현대적 정체성의 형성』, 권기돈·하주영 옮김 (서울: 새물결, 2015), 180-81쪽.

8 손수정·양은순, "대학 R&D 기반 기술창업 활성화 방안 및 정책 개선방향" (과학 기술정책연구원 정책자료, 2012); 국가과학기술위원회, "국가 R&D 성과분석 및 시사점(안)" (국가과학기술위원회, 2009).

9 Foss, Lene, and David Gibson(엮음), *The Entrepreneurial University: context and institutional change* (New York: Routledge, 2015).

10 윤종민, "대학 기술이전 사업화 전담조직 운영제도의 성과와 과제," 『기술혁신학 회지』, 16권 4호 (2013), 1070-75쪽.

11 윤종민, "대학 기술이전 사업화 전담조직 운영제도의 성과와 과제," 『기술혁신학 회지』, 16권 4호 (2013), 1066-67쪽; 손수정·양은순, "대학 R&D 기반 기술창업 활성화 방안 및 정책 개선방향" (과학기술정책연구원 정책자료, 2012), 31-34쪽.

12 윤종민, "대학 기술이전 사업화 전담조직 운영제도의 성과와 과제," 『기술혁신학 회지』, 16권 4호 (2013), 68-74쪽.

13 윤종민, "대학 기술이전 사업화 전담조직 운영제도의 성과와 과제," 『기술혁신학 회지』, 16권 4호 (2013), 68-9쪽.

14 유승우 외, 『2015 대학 산학협력활동 조사보고서』 (세종: 교육부; 대전: 한국연구 재단, 2016).

15 Nells, Jen, and Tim Vorley, "Constructing an Entrepreneurial Architecture: An Emergent Framework for Studying the Contemporary University Beyond the Entrepreneurial Turn," *Innovative Higher Education*, 35 (2010).

16 Foss, Lene, and David Gibson(엮음), *The Entrepreneurial University: context and institutional change* (New York: Routledge, 2015).

17 Nells, Jen, and Tim Vorley, "Constructing an Entrepreneurial Architecture: An Emergent Framework for Studying the Contemporary University Beyond the Entrepreneurial Turn," *Innovative Higher Education*, 35 (2010).

18 Wuthnow, Robert, *Communities of Discourse: Ideology and Social Structure in the Reformation, the Enlightenment, and European Socialism* (Cambridge, MA: Harvard University Press, 1989).

19 문지영, "프랑스 근대 공학교육의 요람 - 에콜 폴리테크닉(Ecole Polytechnique), 1794~1815," 『역사학보』, 196호 (2007).

20 장수영, 『독일대학과 과학의 역사』 (서울: 학문사, 2001); 임상우, "베를린 훔볼트 대학 - 근대 대학의 어머니," 『서강인문논총』, 42호 (2015); 유진영, "유럽 과학기 술의 발달과 독일 공과대학의 시작: 칼스루헤대학교의 생성과 발전을 중심으로," 『통합유럽연구』, 5권 9호 (2014).

21 홍성욱, "20세기 과학연구의 지형도: 미국의 대학과 기업을 중심으로," 『한국과학 사학회지』, 24권 2호 (2002).

22 김도연, "창직, 대학의 또 다른 역할" (한국경제, 2016. 5. 4).

23 한국과학기술한림원, 『우리의 과학기술, 무엇이 문제인가? -1998년도 한국과

학기술한림원 주최 "한림원탁토론회" 기록」(한국과학기술한림원 출판위원회, 1999).

24 김도연, "헌법이 담아야 할 과학기술 정신" (다산칼럼 2017. 3. 9).

25 안승구·김주일, "2016년도 정부연구개발예산 현황분석" (한국과학기술기획평가원 조사자료, 2017); 국가과학기술위원회, "국가 R&D 성과분석 및 시사점(안)" (국가과학기술위원회, 2009).

26 문만용, 『한국의 현대적 연구체제의 형성: KIST의 설립과 변천, 1966~1980』(서울: 선인, 2010).

27 민철구 외, "이공계대학의 구조변화 추세분석과 경쟁력 확보방안" (과학기술정책연구원 정책연구 보고서, 2010).

28 염재호·이민호, "대형국가연구개발사업 정책의 제도적 분석-정책제도의 지속과 변화,"『기술혁신학회지』, 15권 1호 (2012).

29 송위진 외, "한국 과학기술자사회의 특성 분석 - 탈추격체제로의 전환을 중심으로-" (과학기술정책연구원 정책연구 보고서, 2003); 임채윤·이윤준, "기술이전 성공요인 분석을 통한 기술사업화 활성화 방안-정부출연연구소를 중심으로-" (과학기술정책연구원 정책연구 보고서, 2007).

30 클라우스 슈밥, 『클라우스 슈밥의 제4차 산업혁명』, 송경진 옮김 (서울: 새로운 현재, 2016); 송성수, "역사에서 배우는 산업혁명론: 제4차 산업혁명과 관련하여," 『STEPI Insight』, 207호 (2017).

31 글로벌 과학기술정책정보 서비스, "이슈분석: 4차 산업혁명과 일자리의 미래" (2016); World Economic Forum, "The Future of Jobs: Employment, Skills and Workforce Strategy for the Fourth Industrial Revolution" (Global Challenge Insight Report, 2016).

32 클라우스 슈밥, 『클라우스 슈밥의 제4차 산업혁명』, 송경진 옮김 (서울: 새로운 현재, 2016).

33 이상문, "오연천 '4차산업혁명 산업계 하드웨어 교체가 관건': '아시아대학총장회의' 원탁회의 미래 발전 모색, 김도연 '사회 계속 진보 4차산업혁명 의미 있나'" (뉴스1, 2017. 3. 15).

34 이돈희·곽삼근·김재웅·박동준·양정호·이명희, 『한국의 교육 70년』(서울: 한국학중앙연구원, 2016).

35 조황희·이은경·이춘근·김선우, "한국의 과학기술인력 정책" (과학기술정책연구원 정책연구, 2002), 1부 3장.

36 조황희·이은경·이춘근·김선우, "한국의 과학기술인력 정책" (과학기술정책연구원 정책연구, 2002), 1부 4장.

37 박영구, "중화학공업화선언과 1973년 공업교육제도 변화,"『한국민족문화』, 40호 (2011); 송성수, "한국 과학기술정책의 특성에 관한 시론적 고찰,"『과학기술연구』, 2권 1호 (2002).

38 조형제·이병훈, "현대자동차 생산방식의 진화 -일본적 생산방식의 도입을 중심으로,"『동향과전망』, 73호 (2008).

39 송위진 외, "한국 과학기술자사회의 특성 분석 - 탈추격체제로의 전환을 중심으로-" (과학기술정책연구원 정책연구 보고서, 2003).

40 조황희·이은경·이춘근·김선우, "한국의 과학기술인력 정책" (과학기술정책연구원 정책연구, 2002), 2부 3장.

41 이광수,『최고 연구중심대학으로: 포스텍 설립- 그 긴박하고 팽팽한 시간들』(포항: 포스텍 박태준미래전략연구소, 2015); 박문수·정우성·김태영·김은영, "대학의 기업가적 역할 확대와 국내 연구중심대학의 경향: POSTECH 사례를 중심으로,"『창조와 혁신』, 6권 2호 (2013).

42 박기범·홍성민, "연구개발을 통한 이공계 인력양성 모델" (과학기술정책연구원 정책연구 보고서, 2012); 조황희·이은경·이춘근·김선우, "한국의 과학기술인력 정책" (과학기술정책연구원 정책연구, 2002).

43 이공래 외, "한국 선도산업의 기술혁신경로 창출능력" (과학기술정책연구원 정책연구, 2008).

44 대학교육연구소, "대교연 통계" (대교연 통계 기본 3호, 2013).

45 홍성욱 외, "선진국 대학연구체계의 발전과 현황에 대한 연구" (과학기술정책연구원 정책연구, 2002); 손수정·양은순, "대학 R&D 기반 기술창업 활성화 방안 및 정책 개선방향" (과학기술정책연구원 정책자료, 2012).

46 European Commission, *Setting UP, Managing And Evaluating EU Science And Technology Parks* (Luxembourg: Publications Office of the European Union, 2014).

47 유승우 외,『2015 대학 산학협력활동 조사보고서』(세종: 교육부; 대전: 한국연구

재단, 2016), 52쪽.

48 유승우 외, 『2015 대학 산학협력활동 조사보고서』 (세종: 교육부; 대전: 한국연구 재단, 2016), 32쪽.

49 배영자, "미국의 지식패권과 과학기술정책: 지식국가의 형성과 발전과정" (과학기 술정책연구원 정책자료, 2006).

50 이경규, "정부지원연구성과의 산업화를 위한 외국의 입법례," 『법학연구』, 2집 (2000); 나종갑, "미국의 과학기술에 관한 행정체계," 『아주법학』, 1권 1호 (2007).

51 Mazzucato, Mariana, *The Entrepreneurial State* (New York: PublicAffairs, 2015).

52 김기국, "영국 과학기술체제의 변화 – 공공부문을 중심으로," 『과학기술정책』, 72 호 (1995); 김승환, "산학협력단 기능강화 방안 연구" (포스텍 산학협력연구소 연 구보고서, 2013).

53 김영훈·박형근, "독일 기술이전 첨병 슈타인바이스재단의 성공 비결" (포스코경 영연구원 보고서, 2014).

54 윤종민, "대학 기술이전 사업화 전담조직 운영제도의 성과와 과제," 『기술혁신학 회지』, 16권 4호 (2013).

55 성경모, "프랑스 과학기술정책의 이해" (과학기술정책연구원 Working Paper, 2013); 배준구, "프랑스의 지역혁신정책" (한국지방정부학회 학술대회자료집, 2007).

56 이공래, "일본 정부의 산학협력정책 동향과 시사점," 『과학기술정책』, 177호 (2009); 홍성주, "과학기술기본계획의 추이 분석과 시사점: 최근 10여 년간 한국 과 일본의 과학기술기본계획을 중심으로," 『STEPI Insight』, 89호 (2012); 류태수, "일본의 산학연계 정책의 현황과 시사점" (한국산업기술재단 기술정책연구센터 이슈페이퍼, 2007).

57 이찬우, "중국의 지식재산권 형성과 발전 – 산업별 국제특허 분석을 중심으로," 『중국학연구』, 75호 (2016); 박현정·이효진, "중국의 지식산업화 분석과 시사점: 대학과 중국과학원의 특허 라이선싱을 중심으로" (대외경제정책연구원 연구자 료, 2014); WIPO Economics and Statistics Series, *World Intellectual Property Indicators* (WIPO publication no. 941E, 2016).

58 WIPO Economics and Statistics Series, *World Intellectual Property Indicators*

(WIPO publication no. 941E, 2016).

59 김선우 외, "과학기술특성화대학 기술사업화 선도모델 구축" (과학기술정책연구원 정책연구, 2013); Higher Education Funding Council for England(HEFCE), "Higher Education-Business and Community Interaction Survey, 2014-2015" (2016); Beckett, Jamie, "Study shows Stanford alumni create nearly $3 trillion in economic impact each year" (Stanford Report, 2012); Roberts, Edward, and Charles Eesley, *Entrepreneurial Impact: The Role of MIT* (Kansas City, MO: Ewing Marion Kauffman Foundation, 2009; Hayter, Christopher, Roman Lubynsky, and Spiro Maroulis, "Who is the academic entrepreneur? The role of graduate students in the development of university spinoffs," *The Journal of Technology Transfer* (2016).

60 대한무역투자진흥공사, "혁신의 상징 독일 스핀오프 기업" (Kotra 해외시장뉴스, 2016).

61 김진택, "프랑스 창업 지원 교육 정책 연구: 지식 융합 기반 PEPITE 정책을 중심으로," 『유럽연구』, 34권 2호 (2016).

62 이달곤, "산학협력기술지주회사의 성공적 정착을 위한 모델 연구" (교육인적자원부 정책연구과제, 2006).

63 서경호·정근식·이강재·유병준, 『중국 대학기업 연구: 북경대학과 청화대학을 중심으로』 (서울대학교 평의원회, 2015).

64 남영호, "과학 단지(Science Park)의 유형 분석과 대덕 연구 단지 조성의 문제점 검토," 『과학기술정책연구원』, 10호 (1991).

65 고석찬, "성공적인 과학단지 조성의 계획과제" (한국지역개발학회 학술대회, 2010); 박철만·김경배·이동배, "중국 대학과학단지의 개발특성에 관한 연구," 『서울도시연구』, 9권 2호 (2008); 서태성·정옥주, "혁신과 클러스터를 위한 프랑스의 경쟁거점 정책(II)," 『국토정책 Brief』, 95호 (2005).

66 앨빈 토플러·하이디 토플러, 『부의 미래』, 김중웅 옮김 (서울:청림출판, 2006).

67 현석진, "2017년 새해 인사: 우리대학의 새로운 가치" (포항공대신문, 2017. 1. 1).

68 김도연, "제4차 산업혁명, 미래인재 양성 어떻게 할 것인가?" (교수신문, 2016. 7. 6).

69 김도연, "창직, 대학의 또 다른 역할" (한국경제, 2016. 5. 4).

70 현석진, "2017년 새해 인사: 우리대학의 새로운 가치" (포항공대신문, 2017. 1. 1).

| 책 출간에 부쳐 |

포스텍은 2016년 12월 3일 개교 30주년을 맞았다. 연구중심대학으로
서 중요한 역할을 맡아온 포스텍은 그 동안에 쌓은 역량을 바탕으로 2016
년 상반기부터 우리가 나아가야 할 새로운 방향에 대해 모색하였다.

이에 박태준미래전략연구소는 '가치창출대학'에 관한 연구 프로젝트를
수행하였다. 박성진 산학처장을 연구책임자로 하여 정우성, 손영우, 임영
빈, 정기준, 안준기 씨가 연구원으로 참여하였다. 연구자들은 「대한민국 대
학 교육의 새로운 시대정신-연구중심대학을 넘어 가치창출대학으로」란 연
구 결과물을 도출하였다.

연구 결과를 대중이 쉽게 읽고 이해할 수 있는 책으로 펴내는 일에는 또
다른 노력과 시간이 필요하였다. 머리말을 쓴 김도연 총장은 지속적인 관심
과 지원을 아끼지 않았고 정완균 연구처장, 전상민 입학학생처장, 김군역
행정처장, 현석진 총동창회장은 관심 분야에 관한 좋은 의견과 자료를 제
공하였다. 연구소에서는 이대환 자문위원과 임영빈 박사가 원고와 제작의
완성에 필요한 노력을 아끼지 않았다. 또한 일일이 거명하지 못한 여러 분들
이 책의 출간에 많은 도움을 주었다.

이 책의 출판에 관여한 모든 분들께 감사를 드린다. 이제 포스텍은 '가치
창출대학'이라는 새로운 가치를 내걸고 우리 대학의 미래를 개척해 나가고
자 한다. 우리가 추구하는 가치창출대학에서는 배우는 기쁨, 가르치고 연
구하는 즐거움에 더하여 사회·경제적 가치창출의 보람이 충만하기를 희망
한다.

『최고 가치창출대학으로』를 POSTECH PRESS 1호이자 박태준미래전
략연구총서 7호로 내놓게 되어 연구소를 맡은 사람으로서 보람과 기쁨을
느낀다

2017년 6월
포스텍 박태준미래전략연구소장 김병현

최고 가치창출대학으로

펴낸날   2017년 6월 12일 초판 1쇄 발행
펴낸곳   포항공과대학교 출판부 *POSTECH PRESS*
지은이   포스텍 박태준미래전략연구소
출판등록 2017년 3월 23일 제503-2017-000002호
전화/팩스 054-279-2548 / 054-279-3599
주소   경북 포항시 남구 지곡로 64(지곡동)
인쇄·제본 AP프린팅
종이   한솔 PNS
디자인   나루기획

판매 대행 (주)아시아
전화   02-821-5055
팩스   02-821-5057
주소   경기도 파주시 회동길 445(서울 사무소: 서울시 동작구 서달로 161-1 3층)
이메일   bookasia@hanmail.net
홈페이지 www.bookasia.org
페이스북 www.facebook.com/asiapublishers

ISBN   979-11-960958-0-2
         979-11-5662-119-5(세트)